图说海洋

武鹏程◎主编

世界著名的100个潜水胜地

海洋出版社

北 京

图书在版编目(CIP)数据

世界著名的100个潜水胜地/武鹏程主编. —北京：海洋出版社，2018.4

（图说海洋）

ISBN 978-7-5210-0055-9

Ⅰ.①世… Ⅱ.①武… Ⅲ.①潜水运动－风景名胜区－介绍－世界 Ⅳ.①K917

中国版本图书馆CIP数据核字（2018）第046616号

图说海洋

世界著名的

100个潜水胜地

总 策 划：刘　斌

责任编辑：刘　斌

责任校对：肖新民

责任印制：赵麟苏

排　　版：海洋计算机图书输出中心　申彪

出版发行：海洋出版社

地　　址：北京市海淀区大慧寺路8号 (716房间)
100081

经　　销：新华书店

技术支持：(010) 62100055

发 行 部：(010) 62174379 (传真)　(010) 62132549
(010) 68038093 (邮购)　(010) 62100077

网　　址：www.oceanpress.com.cn

承　　印：北京朝阳印刷厂有限责任公司

版　　次：2021年2月第1版第2次印刷

开　　本：787mm × 1092mm　1/16

印　　张：14.75

字　　数：354千字

定　　价：49.00元

前　言

在人类潜水史中，最早探索海底的是美索不达米亚人，他们使用羊皮袋充气，在水中攻击敌人；在我国《魏志·倭人传》中也记载有渔夫在海里潜水捕鱼的事迹；最为人称道的是南海疍民，他们祖祖辈辈浮家泛宅，与水为伴……如今，通过简单地训练，借助相关装备潜入海底，已不再是一个童话般的心愿，而是一份令人惊喜不已的体验。

世界各地的海洋中有着不少让人惊叹、神往的潜水胜地。在印度洋，有被称为“众神的岛屿”的巴厘岛、“被世人遗忘的桃花源”丹老群岛、“珊瑚王国的视觉盛宴”百年干贝城、“最后的伊甸园”马埃岛等；在太平洋，有“最具风情的潜水胜地”宿务岛、“水下摄影师的天堂”金贝湾、“世界三大潜水胜地之一”的诗巴丹岛、“最靠近天堂的地方”塔希提岛；在大西洋，有“世界上最美的蓝洞及世界三大潜水胜地之一”的伯利兹大蓝洞、被称为“天堂的一角”的开曼布拉克岛、“金银之地”青年岛等。除此之外，地中海、红海也有大量让人流连忘返的潜水胜地。

本书精选 100 个世界著名的潜水胜地，带领大家领略它们的绝美风景与人文风情，每一个地方都有独特的体会，每一个潜点都有详细的潜水攻略，让大家了解这些潜水胜地的海底奥妙，来一场说走就走的潜水之旅。

本书由武鹏程主编，参与资料及图片整理的还有李志飞、徐卫国、赵红洁、魏铭志、杨树洪、孙源龙、宋林林、李进军、王惠明、孙晋华、武寅等。特别感谢 Mizuki 提供大量珍贵的实景照片，同时感谢沈斐然提供部分航拍照片。

目 录

印度洋

太平洋

大西洋

地中海

红　海

印度洋

The Indian Ocean

▲ [诺西贝岛风光]

印度洋上的香料岛

诺西贝岛

诺西贝岛并不是一个很出名的地方，但它却在全球最有名的旅游景区评选中击败了众多度假天堂，获得“十佳海岛”的称号。在马达加斯加周围有留尼旺、科摩罗、毛里求斯、塞舌尔这样的海岛度假胜地，诺西贝岛这么一个名不见经传的地方，是如何脱颖而出的呢？

诺西贝岛是一座火山岛，位于马达加斯加的西北海岸上，其西北沿海邻近莫桑比克海峡东北端，属安齐拉纳纳省。诺西贝岛属于热带雨林气候，全年温暖湿润，降水量大，土壤肥沃。因盛产华尼拉果和依兰依兰等香料作物而被称为“香岛”，主要城镇埃尔维尔在南岸，是一个天然深水港，为旅游胜地，有航空站。

诺西贝岛在马达加斯加的语言中是“大岛”的意思，是马达加斯加岛最大和最繁忙的旅游度假胜地之一，也是世

▶ [当地的海钓宣传照]

诺西贝岛被茂密的热带雨林覆盖，繁衍出丰富多样的动植物，海边沙滩细白，海水清澈，游人稀少，是享受自然和度假的好去处。由于原始自然的生态环境和丰富的海洋资源，更是成为世界海钓组织和潜水组织推荐的目的地。

界上最漂亮的潜水地之一。

这里有世界上最美的沙滩，尤其难得的是很清静，没有喧哗和吵闹声，天空蔚蓝一片，海水碧波粼粼。

诺西贝岛的贝类和珊瑚也很多，为诺西贝岛的仙境增添了色彩。鱼类资源也十分丰富，各种各样的鱼类颜色各异，好多鱼类人们都叫不出名字，世界上最大的鱼和鲸、鲨等都能在此地看到，是现代运动捕鱼的最佳场所，许多捕鱼中心都在此开展活动。这里的宾馆也把钓鱼纳入到娱乐活动中，当地会提供专业的设备，旅客可以畅游西贝小岛，出海观鲸、海钓、兜风。

来到了诺西贝岛就不得不提另外一个岛屿了，那就是管风琴岩岛，它隐藏在拥有 20 座岛屿的诺西贝群岛中，距离马达加斯加北岸 70 千米，是一处令人惊

▲ [诺西贝岛清澈的海水]

▲ [诺西贝岛海底鱼群]

叹的自然奇观，形成于1.25亿年前马达加斯加与非洲大陆分离之时。

这座神秘的岛屿拥有密密麻麻的管状玄武岩，壮丽地耸入天空，与北爱尔兰著名的巨人之路非常相似，都是在一场火山爆发中由迅速喷涌而出的岩浆沉积形成的。

这里是潜水秘境，在管风琴岩岛周边的海面之下，有一个生机勃勃的海洋生物世界，这里有300多种珊瑚和种类繁多的鱼类，包括鳗鱼、梭鱼、石首鱼和金枪鱼。由于拥有最原始且基本没有被开发的生态系统，这里也吸引了许多鲨鱼，如灰礁鲨、白鳍鲨、银鳍鲨、豹纹鲨、双髻鲨和锈须鲛。

▲ [偶遇海底大海龟]

▲ [诺西贝岛透彻的海水]

◀ [管风琴岩岛]

这里有成百上千根闪着铜光、直刺天际的圆柱体，单根最长达20米。还有已经灭绝的鱼类在4000万年前形成的化石。随着沉积岩露出海面，这些化石也渐渐地被挖掘出来。在深潜时，有时也会发现由火山岩剥落而沉浸在海底的化石。

最后的伊甸园

马埃岛

马埃岛是个一年四季都阳光灿烂没有冬天的岛，有着地球上“最后的伊甸园”的美称。马埃岛像一块绿宝石一样散落在印度洋的海面上。在这里，沙滩是粉状的，洁白干净，柔软细腻，不带一点杂质。碧海银沙中更有天神之作的巨石点缀其中，每块石头都造型迥异，随意按下快门都是一幅美景。

▲ ［三只海鸥的大型纪念塑像］

三只展翅欲飞的海鸥雕塑就坐落于维多利亚的市中心，它是民族融合和团结的象征，代表着塞舌尔民族是由亚、非、欧三大洲人民融合形成的，代表奥尔人多种肤色（白、黑、棕、黄、红）人民的友好相处，没有民族和宗教信仰歧视。

塞舌尔群岛由92个岛屿组成，一年只有两个季节——热季和凉季，没有冬天。这里是一座庞大的天然植物园，有500多种植物，其中的80多种在世界上其他地方根本找不到。

马埃岛是塞舌尔群岛中最大的岛屿。位于印度洋中西部，面向锡卢埃特岛。马埃岛宽6千米，长26千米，面积共148平方千米。属花岗岩岛，多山环绕，最高峰为塞舌尔山，海拔905米。岛的

▲ ［马埃岛上的海滩］

马埃岛上密布着 65 处美丽的海滩，还有洛奈港国家海洋公园和圣安妮国家海洋公园。马埃岛还拥有世界一流的天然浴场。海滩宽阔而平坦，水清沙白，是进行海水浴、日光浴的最佳场所。

东北岸是首都维多利亚，它是塞舌尔唯一的城市和港口。维多利亚市依山傍水，环境幽雅秀丽。在市中心的独立大街，矗立着一座模拟三只海鸥的大型纪念塑像，它是塞舌尔祖先在 200 多年以前从欧、亚、非三大洲飞越大洋来到这个荒岛开发生息的象征。

马埃岛上的维多利亚市是水手和渔夫们停泊的港湾，是归家的灯塔。在宁静碧蓝的水面上，停泊着许多大大小小、形形色色的船只，有现代的快艇，也有古典的帆船，它们静静地

◀ ［马埃岛的小本钟］

1903 年，为了庆祝英国王室正式宣布塞舌尔为王室直属殖民地（之前为毛里求斯托管），塞舌尔在市中心仿制伦敦的大本钟竖起这座“小本钟”，塔高约 5 米。

▲［博瓦隆海滩］

马埃岛四处是海滩及高山，主要活动就是游泳、浮潜、爬山。

在马埃岛众多的海滩中最有名的海滩就是博瓦隆海滩，这里怪石林立，海水清澈透明，水下生物众多，很适合潜水活动。

▲［马埃岛海底鹿角珊瑚］

“鹿角珊瑚”名字的由来，是由于这个属的珊瑚都有如鹿角般的分支状生长形态。

等待出海。这是一幅古典而优美的画面，人们惬意地在码头或船上闲坐、聊天，其乐融融，蓝天、碧水，美好的人文风景，这一切构成一幅美丽的人文风景画。

马埃岛上阳光明媚，沙滩柔软，海水碧蓝，拥有多姿多彩的海洋环境，形形色色的海洋生物，这里是潜水的最理想地方，因为沿岛岸处处是潜水点。

▲［马埃岛一个接着一个的海滩］

▲ [北阿里环礁风景（一）]

潜水的另一种选择

阿里环礁

洁白如雪的拖尾沙滩，浅海处美丽的珊瑚礁若隐若现，将近处的海水映成一汪碧色，往深海处又逐渐变成一片深蓝——这就是阿里环礁如画般的天然美景。

阿里环礁分为北阿里环礁和南阿里环礁，位于马尔代夫首都马累西边，官方名称为阿里夫，整个阿里环礁南北跨越 80 千米，宽 30 千米，包括 18 个岛屿，均为居民岛，人口最多的是南阿里环礁的首府 Mahibadhoo。

阿里环礁风景秀美，到处都是可供潜水爱好者潜水的海滩。

北阿里环礁

北阿里环礁的许多岛屿在很久以前就有人居住，而且有马尔代夫佛教时期

▲ [北阿里环礁风景（二）]

▲ [北阿里环礁度假村一角]

▲ [北阿里环礁度假村水上屋]

流传下来的遗址。

北阿里环礁包括甘格西岛、坎多卢岛、宁静岛、萨芙莉岛、艾丽湖岛和维利甘度岛等，北阿里环礁所有岛屿周围都拥有湛蓝的海洋、金子般的沙滩以及丰富的海洋生物。

甘格西岛

在北阿里环礁的边缘，岛屿小而精致，是情侣度假的胜地，也是爱好潜水的游客的天堂，该岛拥有A级潜水环境，也是2013年Tripadvisor（猫途鹰）旅游网站颁布的最佳度假岛之一。

坎多卢岛

这是马尔代夫最隐秘的岛屿之一。纯净、原始，这个小巧的岛屿被宽阔的沙滩环绕，在这里可以静悄悄地潜在水下，感受身体和大海完全融合为一体，倾听海中的声音。

宁静岛

这里拥有碧蓝的礁湖和白沙海滩美景。宁静岛海滩十分迷人，在很棒的房礁能看到海龟、蝠鱼和礁石鉴。

萨芙莉岛

萨芙莉岛因环绕细腻的粉质沙滩、水晶般清澈的潟湖水和珊瑚礁而吸引着许多潜水爱好者到来，其葱郁繁茂的热带花园美景也带给人清新宜人的感觉。

艾丽湖岛

这是一个天然的浮潜型岛屿，在这里可以体验到最真实的马尔代夫海岛风情，这个岛很安静，中国游客很少，欧美游客居多。

维利甘度岛

这里有20多处不同的潜水场所。非常适合潜水初学者及经验丰富者。

▲ [鸟瞰阿里环礁]

南阿里环礁

南阿里环礁共有 49 个岛屿，其中有人居住的岛屿有 12 个，包括太阳岛、阿沙格岛、丽世岛、莉莉岛、假日岛、蕉叶岛、魔富士岛、伦格里岛、马富士瓦鲁岛、蜜莉喜岛、塞路维里加岛。

南阿里环礁比北阿里环礁开发得晚，但是有很多并不亚于北部地区的好的潜水点，这里已经逐步成为被世人瞩目的地区。其中最受欢迎的潜水点是可以看到鲨鱼的骊米吉里贝鲁和蝠鲼潜水点马迪瓦鲁，另外在外洋附近也有很多充满活力的潜水点。

太阳岛

在太阳岛上设有专门的潜水学校，提供各种潜水装备和专业的潜水培训课程。岛上每天都会有三班潜水船，载着人们前往附近的各个潜水点，感受水底世界带来的无限乐趣。

阿沙格岛

在这里可以和岛上的潜水者团队一起享受各种各样的潜水乐趣。潜水时会发现海豚、鳐鱼和鲨鱼，幸运的话还能遇到美丽的鲸鲨。

丽世岛

据说这片区域有沉船，潜水者可以在礁石旁边潜泳或者深潜至沉船探险。

假日岛

这个岛屿虽然面积不大，但是热带风情却相当迷人，尤其以岛屿四周美丽的白色沙滩和碧绿的潟湖最为有名。

▲ [南阿里环礁风景]

蕉叶岛

岛上的珊瑚礁保存完整，四周是一个美丽的暗礁，岛上有丰富的潟湖，是难得的潜水胜地！

魔富士岛

这里被白沙滩海岸和清澈的潟湖所环绕，这个岛屿被度假村整个占据，这里的南亚里环礁被公认为是世界上最好最大的潜水景点之一。

伦格里岛

隐藏在优美的棕榈树中，四周由绿松石色的印度洋包围，有美丽的掌形白色沙滩，是马尔代夫最具神秘特色的景点。分为拉格利小岛和拉里芬湖小岛。两个小岛通过一条长500米、跨越非常美丽的蓝色礁湖的人行桥相互连接。

马富士瓦鲁岛

这是一个非常典型的珊瑚岛。田园诗般的碧水和水下的珊瑚礁，使潜水者舍不得离开。

塞路维里加岛

这个岛屿不大，但是有些高档的度假村，潜水时会发现美丽的珊瑚和黄貂鱼、海龟、鲨鱼。可惜岛内的珊瑚礁会有刺冠海星。

蜜莉喜岛

这个岛虽然很小，但安静、干净、漂亮、水清沙幼且基本没有蚊虫。这里浮潜环境很好，有美丽的珊瑚，在浮潜时，还可以看到大海龟和小丑鱼等。

▲［南阿里环礁水下珊瑚］

梦乡之地

菲力杜环礁

如果人间有天堂，那大概就是那些人迹罕至的海岛的样子：碧海白沙、安详静谧，仿佛尘世的一切烦恼在这里都不复存在。马尔代夫群岛中的菲力杜环礁就是一个这样的地方。

▲［迪格瑞岛度假村］

在迪格瑞岛乃至菲力杜环礁，甚至整个马尔代夫，几乎所有的度假村都有自己的海滩和独立的潜水处，只要入住这里，就可以享受独立的私人沙滩、私人潜水点和私人潜水教练。

在这里裸泳是禁止的，如被发现会被处以高额罚款，而且禁止穿泳装在餐厅用餐。此外，游客进入清真寺时要衣着端庄，衣服必须长及双手及双脚。女游客不可穿短袖或无袖衣服、短裤及短裙。走进清真寺前记得先脱鞋。

菲力杜环礁是马尔代夫的一个行政环礁，由两个自然环礁组成。菲力杜环礁是马尔代夫国内最小的行政环礁，一共有19座岛屿，其中有两个著名的景点，即迪格瑞岛和马尔代夫总督岛，这里也是潜水的好去处。

迪格瑞岛

迪格瑞岛属于小型岛屿，俯瞰这座小岛，就好像是一串美丽的珍珠散落在

▲［总督岛水屋前的帆船］

在马尔代夫有很多水屋，大部分都是度假宾馆，可以租来使用，夜晚可以聆听大海的声音。

大地上。它的中央是碧绿色的，周围则是如云彩般的白色，这里有炫彩的阳光、湛蓝的海洋、金子般的沙滩、海上伫立的小屋，四周环境安静私密。岛内棕榈树繁茂，度假村里气氛舒适柔缓，此处浅海区聚集了多种热带鱼和珊瑚礁，海水清澈可见，鱼群色彩斑斓，珊瑚形状各异，是个适合潜水的好地方。

马尔代夫总督岛

马尔代夫总督岛是一个拥有6.7公顷棕榈树林和原始沙滩的奇幻美丽的岛屿。当地除了提供潜水教学课程之外，还有深海钓鱼、荒岛远足、风帆冲浪、滑水或划独木舟等娱乐活动。

这里拥有丰富的海底生物资源，可以乘坐游艇、多尼船来到未被开发的处女地，纵情跳入水中，与让人眼花缭乱的海底生物共舞。这里的潜水点各有特色，可以探索充满活力的珊瑚、蝠鲼、拿破仑隆头鱼、龟、细鳞鱼、金枪鱼和其他水下居民。

▲［拿破仑隆头鱼］

拿破仑隆头鱼又称苏眉、波纹鹦鲷、曲纹唇鱼，拿破仑鲷、龙王鲷、海哥龙王、大片仔，为鲈形目，隆头鱼科，唇鱼属，是一种热带地区近海海域生活的著名巨型鱼类。

被世人遗忘的桃花源

丹老群岛

丹老群岛是目前世界上仅存的原始生态群岛之一，其海水清澈见底，并有不少世界仅存的海底珍稀动物。岛上原居民“莫肯人”过着陆海合一的生活，是旅游与科学考察的胜地。

丹老群岛是位于缅甸沿海的岛群，在安达曼海东侧，也是中南半岛沿海最大的岛群，包括大小岛屿近900个，面积为3500平方千米，主要岛屿有格丹、甘茂、兰比和泽代基等。各个岛屿海岸线曲折，地势高峻崎岖。当地属于典型的海洋性湿润气候，有热带雨林，以自然雨林景色秀美著称。

丹老群岛上的原居民莫肯族在海上坚守着游牧式的自给自足生活，莫肯人属于一种游牧的南岛语族，他们每年在船上生活长达9个月之久，从古至今一

▲ [丹老群岛水下珊瑚]

直在缅甸和泰国周围的水域中谋生。

莫肯族素有海上“吉普赛人”之称。据说莫肯族人都拥有着神奇的本领：他们能十分清楚地看见水下约25米深的海底世界。约有7000莫肯族人生活在泰国，在缅甸生活的莫肯族人大约有2500人，他们靠捕鱼为生。

丹老群岛由于是未开发的海岛，基本上没有基础设施，处于无人岛的阶段，简单帐篷搭载在沙滩木台子上就算是住宿的地方了，虽然条件简陋，但是一点也不会影响潜水爱好者的兴趣，在这里有着别样的潜水体验。

▲ [水下莫肯人]

莫肯人能下潜到25米深海里睁着眼睛抓鱼。

▲ [水下球形珊瑚]

潜水者可以享受原始的潜水方式，体验莫肯族人的水下生活，探访他们生活的村落，这是一种古老与现代的碰撞。

错过就要等半年的绝美天堂

斯米兰群岛

斯米兰群岛是世界上最美丽的岛屿之一，具有种类繁多的海洋生物和壮观的珊瑚礁，这些都为深海潜水者提供了世界级的享受。

斯米兰群岛位于泰国普吉岛西北 90 千米的安达曼海，是一块由 9 个群岛组成的区域，面积约为 1.3 万公顷，1982 年被指定为国家公园。

泰国海军保护

泰国海军在斯米兰群岛的各潜点及下锚区装设有浮标以供船只悬系之用，不准任意下锚，以免伤害珊瑚等生物，如此用心保护可见一斑。

这片水域水质清新，有未受污染的海滩、绚烂多彩的珊瑚礁群和碧蓝的海水，是闻名世界的潜水天堂。

斯米兰群岛拥有醉人的水下风景以及多样化的海洋生物。每个岛屿都能提供完整的、不同的潜水环境。

斯米兰群岛的潜水环境排名一向在全世界前十名以内。

▲ [斯米兰群岛的早晨]

斯米兰群岛西部

在斯米兰群岛的西边，巨大的花岗岩漂石一块一块地顶部相互层叠，形成了壮丽的拱门和突进的陡坡。

斯米兰群岛一年仅开放 150 天，每年 5 月 15 日—10 月 15 日因雨季而闭岛养岛。错过了就要等下一年了。

▲ [斯米兰群岛指示牌]

大部分花岗岩漂石都被绚丽柔软的珊瑚礁所覆盖，以至岩石都不可见。

斯米兰群岛东部

在斯米兰群岛东部有大片坚固的珊瑚礁，高度为 30 ~ 40 米。在这些岛屿周围水域有大量色彩艳丽的热带鱼，还有晶莹剔透的无毒水母，偶然还会碰到美洲豹鲨鱼，甚至鲸。适合浮潜和深潜。

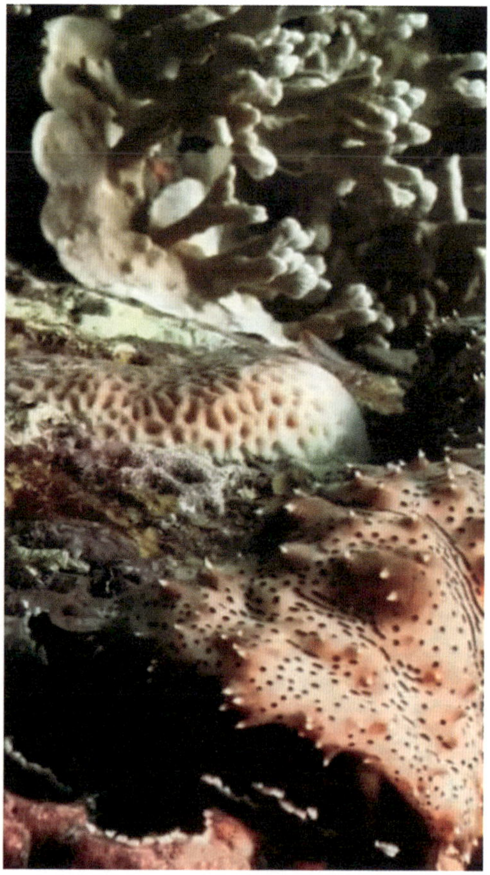
▲ [斯米兰群岛多种珊瑚]

圣诞角

在斯米兰群岛有 20 多处潜水点，斯米兰群岛的班古岛上的圣诞角，以蜿蜒迷人的海湾而出名，多彩成群的蓝鳍鲹、金枪鱼穿梭其中，潜水爱好者不妨体验畅游其中的乐趣。

仙境礁

仙境礁是适合勘探大量水下岩石形

▲［斯米兰群岛蔷薇珊瑚］

▲［水母］

由于水母本身相当脆弱，千万不可将水母拿出水面或用力碰触，以免水母因此死亡。

在斯米兰群岛深潜需要潜水中级证，假如没有那就浮潜吧，这里浮潜可以在 5 ~ 10 米深，有些浅滩也是可以看到海底漂亮的珊瑚的。

成的潜水地点，同时在这里也能碰到一些活的发光物体。

象头岩

象头岩可能是斯米兰群岛中最著名的潜水地带，因伸出海面到斯米兰群岛西南角的、形状不规则的岩石而得名。

斯米兰群岛潜水点很多

除了前面提到的几处有代表性的潜水点以外，斯米兰群岛以北的 Koh Tachai 和 Koh Bon 两个岛，也是不错的潜水点。

在斯米兰群岛潜水多以船宿潜旅为主，机动性强，可以充分体会每一个潜点的特色，这片海域的海底景观是以巨大的花岗岩与丰富的珊瑚组成，相比于其他潜水胜地有完全不同的感受。

美丽富饶的世界

洛克群岛

洛克群岛布满生机盎然的热带植物，潜水处的礁石横生，沙滩围绕，使得海水呈现出深浅不一、碧绿湛蓝交融的生动色彩。

▲ [洛克群岛的情人桥]

关于情人桥有许多美丽动人的传说，到洛克群岛一定要亲眼看看它，会给你的爱情生活带来好运。在此处畅游或者潜水，也别有一番滋味。

洛克群岛坐落在科罗与贝里琉之间，有水上花园之称，是百万年前浮生起来的古老礁脉，这个人烟稀少的岛屿布满了浓密森林，形状像绿色草菇，南面岛屿则有沙滩，景观十分美丽。

洛克群岛引以为豪的是其丰富的生物种类，长满植物的石灰石和珊瑚石突出海面约207米，岛上拥有很多隐藏的礁湖及其他湖泊，并且生活着一系列独特的生物。因2005年初播出的美国真人秀《幸存者：帕劳群岛》而闻名。

洛克群岛现在无人居住，但看起来在过去数千年里，有多个人类种群在这里生活过。一个最令人好奇的证据是在

▲ [日军沉船遗迹]

这是一个很好的潜水点，在这里可以清楚地看到第二次世界大战时期沉入海底的日军货船，经过岁月的流逝，这里鱼儿聚生。

[《日月人鱼》剧照]

人们说这里是美人鱼的故乡，传说美人鱼以腰为界，上半身是美丽的女人，下半身是披着鳞片的漂亮的鱼尾，整个躯体极富诱惑力。

有研究称，数千年前生活在印尼一座偏僻小岛上的霍比人，可能是由完全直立行走的第一批人类进化而来的。这种人像柚子大小的颅骨里的大脑，比一个体积是426立方厘米的橘子还要小，大约是现代人脑容量的三分之一。

洛克群岛发现“微型人”遗骸。在此之前人们一直认为微型人与霍比人有血缘关系，但是现在科学家开始相信微型人是古代帕劳人，其身材矮小是因受到岛屿矮态的影响，体形庞大的动物经过几代进化会变小。

[蘑菇状火山群岛]

洛克群岛的另一个潜水区是七彩软珊瑚区，位于洛克群岛西侧的一个蘑菇状岛海域。该区域洋流比较强劲，在小岛的底部水面上有一个小洞口，连接着两处海域。随着潮涨潮落，海水在石洞的水道中形成强劲的水流，而且每几分钟水流就改变一次方向，不断地进出，为软珊瑚提供了很好的生存环境。在此处浮潜观赏软珊瑚，甚至可以清晰地观察到其柔软的水螅体绒毛，软珊瑚就好像海里盛开的花朵，随着水流摇曳生姿。

珊瑚王国的视觉盛宴

百年干贝城

帕劳的百年干贝城是一个十分有趣的浮潜景点，这里因神奇地生长着几十个年龄超过百岁的大干贝而闻名，深得潜水者喜爱，每年都有很多潜水者来此观看这些巨大的干贝。

干贝城又叫百年干贝城，位于帕劳的梅莱凯奥克岛，干贝城是帕劳特地保留的保护区域，在这片水域中，有许多大型的贝类，主要以砗磲贝为主。这些干贝经专家分析已超过百岁，因此成为帕劳国宝级的景点。

别小看这些五颜六色、直径跟个小桌子一般大的巨贝，它们全都有上百年的历史，而且都是活的。

当你不小心碰到它的肉时，体格庞大的干贝会灵敏地关上壳，是帕劳群岛上不可错过的奇特景观。

在此浮潜，就能目睹世界上最大的贝壳——巨型砗磲贝，干贝城聚集着数十颗百年的砗磲贝，它们每年只会长大几厘米，经过数百年的生长，一般长大后的尺寸可达 1.2 ~ 1.8 米，重量更是超过上百千克，世界巨型贝总共有 9 种，这里拥有 7 种。

生长超过百年，体长超过 1 米的砗磲贝，或许只有帕劳和大堡礁才有。而超过百岁，体长超过 1 米，并且几十颗聚集在一起，那也许只有帕劳百年干贝

▲ [百年干贝]

干贝，也叫砗磲贝，栖息在热带海洋中，壳大而厚，略呈三角形，长可达 1 米，是体型最大的海洋贝壳，可制成器皿及装饰品。砗磲更是和玛瑙、水晶、珊瑚、琥珀、珍珠、麝香一起并称为佛家七宝。

▲［美丽的沙滩］

帕劳被《国家地理》杂志形容为“太平洋最纯净的海洋生态之一”，足可见这片海域的魅力。这里的海底有各种色彩绚丽的珊瑚和不计其数的深海鱼类，还有帕劳著名国宝苏眉鱼、大型的鲨鱼、海龟等，其中最令人惊奇的是拥有世界上独一无二的黄金无毒水母湖，还有极其特别的牛奶湖。

城才有，实为世界罕见。但是近年来，百年干贝城的大干贝数量锐减，由于偷盗、环境变化等原因，目前的大干贝已从原有 100 多颗锐减到只有几十颗。值得庆幸的是帕劳已经通过立法设定保护区，将百年干贝城保护起来，让这些沉寂在海里百年之久的神奇生命，能够继续在这里生活。

泰国的“马尔代夫”

董里群岛

董里群岛是泰国董里府附近无数小岛的总称，董里群岛很小众、清静，几乎没受到商业开发的影响，邻近的47个小岛都有着水清沙幼的海滩和碧绿色的珊瑚海水，具有大自然最原始的美态，是潜水爱好者亲近大自然的最佳场所。

[长尾船]
在泰国，长尾船被称为最方便的交通工具。长尾船为木制，长约10米。船尾尖、高高翘起，缀以大串鲜花，有顶篷，有防水的围布。行船的时候，驾驶员的船头在后面，鲜花装饰的船尾乘风破浪在前。

奈岛

奈岛也被当地人称为牙岛，是泰国董里府边缘的一个离岛，面积不大，是一座环绕在多彩珊瑚礁与清澈碧海中的小岛，长3.8千米，宽2千米左右。半小时左右就可以从一端走到另一端。距离董里乘坐长尾船约一小时的船程。

奈岛的海滩非常奇特，海岸线点缀着大大小小的岬石，美丽的白沙滩和椰子林、棕榈林完全保持原始状态，是浮潜和深潜的完美地点，在水中可看到美丽的未被人为破坏的珊瑚礁。

穆岛

穆岛是董里的第三大岛，穆岛与奈岛遥遥相望，也是著名的潜水之地。

在穆岛的西海岸有许多面向大海高耸的峭壁，岛的东海岸有平原地角伸入大海，姥柯码头就位于这里。地角的一边是华奈沙滩和沙攀奥码头，而地角的

▶ [翡翠洞]
穆岛上最有名的地方就是翡翠洞，翡翠洞是穆岛悬崖下的一个小洞。里面的海水呈翡翠蓝色，晶莹剔透。洞里伸手不见五指，需要游泳进入，通过弯弯曲曲的黑暗通道，洞内别有洞天，四周全是悬崖峭壁，阳光从悬崖顶上照射下来，洁白的沙滩，翡翠蓝的海水，就像一个与世隔绝的世外桃源。

另一边是芳佳湾，可以在这里沿海岸游泳和潜水。这里的居民大多是穆斯林，他们主要以捕捞乌贼，种植三叶橡胶和椰子树为生。可步行、骑自行车或摩托车去往各处。

卡拉丹岛

卡拉丹岛是董里著名的浮潜点，以水质好著称，但是热门程度稍逊穆岛。

卡拉丹岛每天有两次潮汐，落潮后，大片的海滩与珊瑚礁裸露出来，这时是

▲ [小丑鱼和海葵]
董里群岛水下别具特色的黑双带小丑鱼，它赖以生存的海葵也与众不同，其触手很短，像一大块毛皮。

最适合浮潜的时候。因为海水回落，珊瑚和鱼儿的距离缩短了，而且附近水域海水清澈，呈剔透的薄荷蓝色，水下能见度高，可以清晰地看到各种鱼类，如凶猛的狮子鱼，还有可爱的小丑鱼。

此外，卡拉丹岛还是董里群岛中最漂亮的小岛之一，整座小岛环抱于清澈透明的碧海之中，是董里海下婚礼的最佳场地，这里还有延绵2千米、洁白细软的帕蒙海滩。

▲ [狮子鱼]

在董里群岛潜水时，可以看到狮子鱼，它的胸鳍和背鳍长着长长的鳍条和刺棘，形状酷似古人穿的蓑衣，故又被人称为蓑鲉。这些鳍条和刺棘看起来就像是京剧演员背后插着的护旗，一副威风凛凛的样子，在阳光下看起来非常亮丽而多彩。它们时常拖着宽大的胸鳍和长长的背鳍在海中悠闲地游弋，悠游自在，就像一只自由飞舞在珊瑚丛中的花蝴蝶。狮子鱼是个机警的猎人和掠食者，它拥有强大的杀伤力。在海洋中狮子鱼可是有名的“毒王”，它们的毒素会引起剧烈的疼痛、肿胀、抽搐，最严重的情况也可能引起死亡。

那柯岛

那柯岛离陆地及其他各岛较远，因风景迷人而被人称道。那柯岛包括两个小岛（Nok和Nai），Nok岛非常适合潜水，有一条长长的白沙滩，最奇妙的是海滩外的水面下的珊瑚礁，颜色非常多彩，鱼的种类也非常多，有鹦鹉鱼、海鳝和成群的狗鱼，这里可以说是喜爱自然的潜水者的天堂。 Nai岛西南方向有一个瀑布，被认为是该岛的地标，因为瀑布直接从高处流下海面，人们可以划船靠近，并接触到瀑布倾泻而下的流水。

狗鱼是鲑形目狗鱼亚目狗鱼科的唯一属。共5种，2亚种；中国有2种，即黑斑狗鱼和白斑狗鱼。体细长，稍侧扁；口裂极宽大，约为头长的一半；齿发达；背鳍及臀鳍位靠后并相对；体侧有斑。狗鱼生长快，肉质细嫩洁白，味道鲜美，是很好的食用经济鱼类。但因狗鱼为肉食性，贪食而食量大，对其他经济鱼类有很大的危害。

▲ [海胆]

如果无意间被海胆刺伤，会肿胀，用当地的渔民的办法，用柠檬汁涂上，一会儿就好。

▲ [龟岛安静的潜水区]

潜水天堂
龟岛

山丘绵延的龟岛形似一只正在晒日光浴的海龟。极好的海水能见度、繁茂美丽的珊瑚和丰富的海洋生物使这座岛屿成为了闻名遐迩的潜水胜地。

▲ [龟岛浅滩处的乌龟雕塑]

这是龟岛的吉祥物，在龟岛的浅滩处，落潮时这只雕塑乌龟会完全裸露出水面。

龟岛又称涛岛，在泰国湾的南面，是泰国东南面的小岛，因为外形类似一只乌龟而得名，也有说法是由于过去这个海域盛产玳瑁海龟和绿海龟，所以得名。这是个面积仅有 22 平方千米的小岛。

龟岛的沙滩洁白如银，沙粒细小洁净，海水清澈湛蓝，景色静谧迷人，是泰国湾最迷人的海岛，很适合潜水，是潜水初学者的天堂。龟岛是泰国乃至东南亚潜水教学的大本营。在龟岛和其周边岛屿上有超过几十家潜水公司可以选择。

龟岛海滩外面水下10米左右有大片的珊瑚礁，如同盛开的牡丹花丛，层层叠叠，蔚为壮观。也有紫色的巨大珊瑚礁，形状各异、姿态优美，石斑鱼和其他热带鱼都喜欢躲在礁石下休息，有时还可以看到成群小鱼。

由于交通不便利，龟岛的知名度并不是很高。这里的生活节奏也十分缓慢，但这些正是吸引人们来此的理由。

龟岛的每个季节都仿佛为潜水做好了准备，如果你厌烦了城市的节奏，对忙碌的生活感到疲倦，想要过与世无争的日子，那就来这个美丽的小岛，潜入海底世界，与海洋生物零距离接触，感受它们的纯净无瑕和浪漫气息。

▲ [成群小鱼]

▲ [深潜海底]

▼ [小丑鱼在海葵中戏耍]

隐世小岛

丽贝岛

用慢节奏的姿态来到丽贝岛，可以在这里光着脚丫走过细白的沙滩，拎瓶啤酒静静地看着日落，潜入海里和海龟同游，坐在夜市上畅快地撸个串，躺在沙滩的长椅上看星空点点。

▲［丽贝岛水下世界］

▲［丽贝岛美丽的海底］

丽贝岛也被译作里朴岛或里贝岛，在安达曼海南部，是泰国最南端的小岛之一，位于靠近马来西亚边境的达鲁岛国家海洋公园。丽贝岛是国家海洋公园内一个有住宿接待能力的小岛，也是这里唯一允许私人开发的小岛。

这个绝美无比的泰南小岛由于交通不是很方便（一天只有几班船往返），所以游人不多，特别是中国人不多，少为人知，宁静安详，充满粗犷的原始之美，是泰国为数不多的清静地方之一。

▲ [酒店门前拍日落沙滩]

这是在四星级酒店门前拍的日落沙滩，在这里住宿消费才合每晚200元人民币。

这里没有普吉岛的喧嚣热闹，没有皮皮岛的灯红酒绿，这里保留了泰国海岛的原汁原味。由于开发时间较晚，岛上及周边的自然风光仍然保存较好，沙滩据说是泰国最好的几个沙滩之一，沙质白且细，碎珊瑚不是很多，浮潜于酒店门前不远的海边就能看到水下的鱼群。

丽贝岛一共有三个沙滩：日出沙滩、日落沙滩和芭提雅沙滩。

丽贝岛最美的沙滩应该是芭提雅沙滩了，这里的沙子很细腻，海水很透彻，长尾船最多。

日出沙滩的沙子比芭提雅的粗一点，它的海岸线很长，附近有很多中档酒店，看日出的角度最好，步行街步行十几分钟就可以到达。

日落沙滩最天然，不过离步行街远，交通不便，并且与大陆的往来运输有点杂乱。

▲ [猴岛]

丽贝岛芭提雅沙滩不远处就是猴岛，在这里潜水时，常会忽然发现水下有只优雅潜水的猴子从身边游过去，别有一番滋味。

▲ [石头岛]

丽贝岛附近的石头岛也是潜水的好去处，上面有很多黑色的石头，岛上面有一块牌子，写着如果把石头带回去会有厄运哦。应该是之前有人带走石头，所以才会这么恐吓人吧。

岛上高档的酒店都在日出沙滩和日落沙滩。

丽贝岛是名副其实的潜水胜地，被称为泰国的“微距天堂”，无论是浮潜还是深潜，都能看到无数震撼的美景。这里是泰国海底珊瑚保留得最完整的地方之一，在这里不需要经历船宿潜水的奔波之苦，跃身下海，潜入深蓝，就有无数的珊瑚、鱼群呈现在眼前。

浮潜是来这里旅游必玩的活动，透过清澈的海水，一边有鱼群的伴游，一边观赏美丽的水下世界，非常惬意。

▲ [丽贝岛到处都是长尾船]

在丽贝岛去哪里都需要乘坐这种长尾船，就如在中国城乡结合部的那种三轮摩的一样普及。

众神的岛屿

巴厘岛

法国电影《碧海蓝天》中说，潜水最大的痛苦是身处海底时找不到让自己浮出水面的理由。这就是来到美丽的巴厘岛潜入海底的感受，海底美景让人沉醉其中，不想浮出水面。

巴厘岛是印度尼西亚 13 600 多个岛屿中最耀眼的一个，岛上的居民主要是巴厘人，信奉印度教，以庙宇建筑、雕刻、绘画、音乐、纺织、歌舞和风景闻名于世，为世界旅游胜地之一。

巴厘岛是“众神的岛屿”，也是一个潜水者的天堂，这里的海洋生物丰富多样，潜点也是百里挑一。巴厘岛丰富的硬体、软体珊瑚，在全世界都是独一无二的。

在巴厘岛境内有多处潜水胜地，每一个地点都各有特色。

萨努尔东边潜点

位于萨努尔的东边，是一个斜坡，深度为 3 ~ 20 米，水流较强，可以选择平潮时潜水，能见度在 5 ~ 15 米，可以直接看到美丽的珊瑚、海兔、黄貂鱼、蝎子鱼、章鱼。彭乔尔礁生长着健康的珊瑚和大量的海洋生物，是巴厘岛最原始也最出名的潜点之一。

▲ [海神庙]

海神庙是巴厘岛最重要的海边庙宇之一，始建于16世纪，用于祭祀海神。该庙坐落在海边一块巨大的岩石上，整座寺庙与陆地隔绝，孤零零地矗立在海水中；只在落潮时才与陆地相连。巨岩下有有毒的海蛇，传说是此寺庙的守护神，防止恶魔和其他的入侵者。

艾湄湾

到这里小船航行需5分钟，适合放流潜水；水下珊瑚墙有非常多的生物，巨扇、海绵和鱼类令人眼花缭乱。当潜水深度降到35 ~ 40米时，还能看到鲨鱼和偶尔经过的翻车鱼。

▲［Lipah 沉船］

Lipah 海湾的构造大多是沙地，水深到18米后即降到非常深。这里的急流有时会很强。

这里是个简单的海岸潜水或浮潜点，有一艘沉船直伸水面，船身有许多软珊瑚、碟珊瑚、海硝和巨扇。

Gili Biaha

小岛的水下有个洞穴，里面常见沉睡的白鳍鲨。洞穴外有些奇特的珊瑚，在这些珊瑚里能找到虾和蟹。这里潜水环境比较复杂，水性不可预知，不适合初学潜水者。

Gili Tepekong

这里有壮丽的珊瑚墙、峡谷、强急流和超凡的珊瑚种类和各种鱼类，适合较有经验的潜水员。

在这个顶尖的放流潜水点，可以看到多种巨型鱼类，譬如灰礁鲨、鹰魟、梭子鱼及其他鱼类。水流带来的淡水让这个景点的能见度非常高。

蓝礁湖（Blue Lagoon）

离岸5米就有大型的珊瑚礁，有各式各样的鱼，其中有苏眉、多种礁鲨、石头鱼、海鳗、蓝带鳗、魔鬼鱼、章鱼、八爪鱼、树叶鱼和观星鱼等，适合海底摄影及夜间潜水。

▲［软珊瑚］

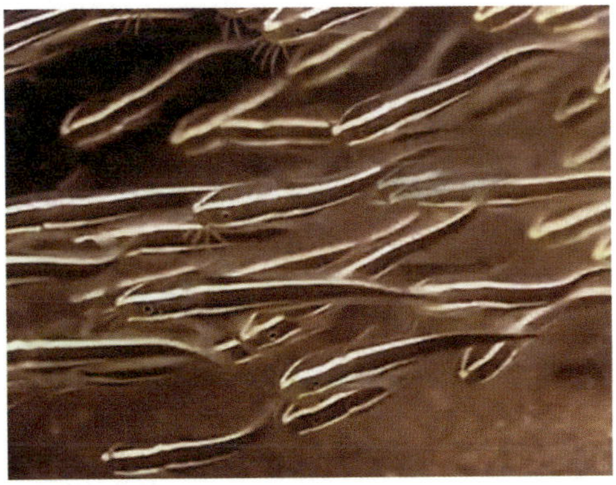

▲［海底鱼群］

▲ [美国沉船(USS Liberty)]

这是一艘第二次世界大战时期的沉船，沉没在黑火山沙堤，沉船从 5 米开始倾斜到 30 米。船的长度较大，约 120 米，这里很少有急流，拥有美丽的珊瑚礁及上百种鱼类。适合各个水平层次的潜水者。这里还有定居的大眼鱼鲹群。

鹿岛(Menjangan)

这里有巴厘岛最亮丽的珊瑚墙。珊瑚墙深度为 20 ~ 60 米，若想看巴厘岛最色彩斑斓的巨扇就一定不能错过鹿岛。这些景点大多从 10 米的珊瑚平原开始倾斜。这里的潜水环境很平静，能见度有时达 50 米，最适合摄影。

▲ [海底珊瑚]

赛廊(Selang)

这里水流不稳定，珊瑚墙布满了软珊瑚，在急流不强的情况下，能潜到 20 米深观看巨型鱼活动。

水下珊瑚公园

黑卡杜瓦

黑卡杜瓦是最受欧美游客欢迎的一处海滩度假胜地，被列为全球十佳观赏水下珊瑚沙滩之一，是著名的潜水和冲浪区。

▲［水下珊瑚］

黑卡杜瓦位于斯里兰卡南部，科伦坡与加勒之间，距离加勒城北 10 千米，这里的海水清澈见底，水下生活着大量的珊瑚和多彩的热带鱼，浅滩几米的水下就可以看见热带鱼。

在黑卡杜瓦这个美丽的海滨渔村，有几个值得一提的地方。

浅滩浮潜区

这里的海滩和海水交汇之处的浅滩，海浪不太大，适合浮潜与游泳，水下的珊瑚礁离水面仅几米，除了各色小鱼，还有机会看到水下惬意的海龟。

残骸潜水区

这个潜点离海岸不远，在水下有几架飞机和船体的残骸，在残骸上有大量的珊瑚和各种鱼类，值得潜水者去探索。

冲浪划水区

离海滩再远一点的地方风浪比较大，是帆板冲浪和滑水的好地方。每年 11 月至次年 4 月的旅游旺季里，总会有许多冲浪爱好者奔赴此处一显身手。

观光玻璃船

对于不会潜水的人来说，也可以乘坐观光玻璃船欣赏水下珊瑚和游鱼。

各种聚会

这里还是当地嬉皮士活动聚会的地方，如果足够幸运的话，会看到由他们组成的游行队伍或演唱会，每当夜幕降临，还有“海滩男孩”与当地人组成的特色舞会。

▲［静谧的海边］

斯里兰卡的天堂

本托塔

本托塔在斯里兰卡以南，是斯里兰卡最好的海滩之一，曾被欧洲旅游协会赞为“全球最美的沙滩”。这里寺庙众多，佛教氛围很浓，并且尚未被完全开发，处处体现出原始、不修边幅的气息，是追求自然之美的天堂。

本托塔位于科伦坡以南，本托塔河的入海口处，此处湍急的河流从中南部山区携带着大量泥沙涌入大海，将沙滩、沙丘、河口、潟湖、红树林多种地形地貌融聚于此，成为著名的海滨旅游胜地。

砂糖海岸

本托塔海滩的沙是金黄色的，有着“砂糖海岸”的称号，被评选为“全世界最美丽的沙滩”。漫长的海滩分为两部分，北边被称作“天堂岛”，为海上运动的中心，有宽阔的湖，是游泳、潜水、帆板、滑水、乘独木舟和香蕉船、深海钓鱼、看日落的好地方。而南边则有很多高档宾馆，环境静谧优雅，是休闲度假的一流选择。

▲［红树林］

神秘的红树林

在被誉为“斯里兰卡的天堂”的本托塔除了可以轻松享受海上生活之外，还应该体验一次乘坐小船顺着本托塔河漂流。小船顺流而下，沿途会穿越神秘的红树林隧道，与红树林零距离接触。在河的两岸潜伏着巨型的蜥蜴和壁虎，水中还有鳄鱼……是非常刺激的冒险之旅。

舞蹈之乡

除了拥有天然的景色之外，这里的居民人人都能歌善舞，被誉为“舞蹈之乡”。民间舞蹈和假面具舞是他们的民族特色，游人可以进入露天舞场，穿戴上魔鬼舞装饰和形象怪诞的假面具，与当地人一起跳传统的舞蹈，亲身体会当地的风土人情。

在斯里兰卡，大象粪便做成的象粪纸是很有特色的一样礼品，由于是纯手工制作，有些粗糙，喜欢猎奇的朋友不要错过。

静谧的观鲸地

美瑞莎

美瑞莎是斯里兰卡南部最大的海滩，其附近海域是全世界最适合观察鲸的地方，美瑞莎也因此一夜爆红，成为了世界上最知名的海滩之一。

▲［鲸鱼出水］

美瑞莎位于斯里兰卡南部海岸线上，在加勒的东面，两地相距 33.7 千米，美瑞莎的海湾呈月牙形，保持着原始自然的韵味，这里以美丽的海滩和珊瑚闻名，风平浪静，非常适合游泳和潜水。这里还有斯里兰卡著名的海龟养殖基地。

美瑞莎的大陆架延伸到非常深的海域，形成天然的观鲸地，每年 11 月至次年 4 月，大量蓝鲸从南极行至印度洋繁衍后代，这片鲸出没的海域，观鲸率高达 98%，有些有经验的导游可以提供 100% 观鲸保障。

在美瑞莎除了出海观鲸和潜水，还可以体验高跷钓鱼，这是当地独创的钓鱼方式。这里的海岸边散布着许多木桩，钓鱼者需要站在木桩上，看起来像踩高跷一样，渔民们踩着高跷放下鱼钩，并且鱼钩上不放饵料，随手一拉就可以钓到银色的金枪鱼，这种“姜太公钓鱼，愿者上钩”的架势，被戏谑地称为“世界上最牛的钓鱼方式”。

与长牙象共浴

哈夫洛克岛

哈夫洛克岛有着平坦的海岸线，岛外海域有珊瑚礁环绕，海面平静，海水清澈，这里有着印度浓郁的民族风情，因《时代》杂志的评价声名鹊起，成为游客眼中的天堂。

哈夫洛克岛属于安达曼群岛中的一个，拥有113.93平方千米的面积，岛上常住居民不到万人。哈夫洛克岛海滩上的沙子完全是白色的，不像其他地方的沙滩都是金黄色的沙子。这里海水晶莹透彻，沙滩也非常干净，甚至没有一片纸在飘，日落后沙滩空无一人。

在哈夫洛克岛众多的沙滩中最美的是位于岛西海岸的7号海滩，该处在2004年被《时代》杂志评为“亚洲最美海滩”。

哈夫洛克岛作为世界上最丰富的珊瑚礁生态系的故乡，这里的原始海域充满多种多样的海洋生物，是轻便潜水的最流行地点。若是会潜水的朋友，可以深入水下，欣赏美丽的海底景观，如果你足够幸运还可以与当地特有的长牙象共浴，这是此地的一大亮点。

潜水需注意安全，2010年5月25日，有一位美国姑娘在附近海滩水域潜水时，被一只巨大的咸水鳄攻击致死。两天后，她的尸体才被发现。

▲ [与长牙象共浴]

▲ [海兔]

恶魔的眼泪

蓝梦岛

蓝梦岛海水清澈，水下生物丰富，岛上椰树茂盛，是被《国家地理》杂志推荐的全球最佳潜点之一。

蓝梦岛是位于巴厘岛东南边的一个离岛，拥有如梦一样的海滩，海水清澈无污染，水下生物放眼望去清晰可见。站在高处远眺海滩，蓝梦岛水之蓝、沙之细、房子之矮、参差的庙宇都一一呈现，给人淳朴的感受，相比马尔代夫的奢华，这是另外一种感受。

值得推荐的潜点

蓝梦岛是《国家地理》杂志推荐的全球最佳潜水点之一，这里大部分海域常年风平浪静，能见度极高，不但可以欣赏珊瑚、游鱼等常见海底景色，在每年7—9月份时，还能看到魔鬼鱼和翻车鱼，以及墨海兔等海洋生物。这里值得推荐的潜点有蓝梦湾、水晶湾、蝠鲼湾、卡玛湾、帕尼达湾、马头墙等。

值得推荐的玩法便是浮潜了，浮潜者把脸探进海里的时候，会看到超级惊艳的珊瑚、美丽的小鱼，这里浮潜点比较浅，如果往岸边游的话，甚至可以直接用手摸到海底的珊瑚，当然要小心手、脚被刮伤。

恶魔的眼泪

除了潜水，蓝梦岛上“恶魔的眼泪”也是个不错的景点，这是一个海湾，周围有礁石，此湾内海浪很大，清澈的海水不断地拍打礁石，待到海浪退去，海水顺着岩石淌下，形成了无数个微型瀑布。当听着海水隆隆的声音时，会让人有一种从兴奋开始逐渐感到恐惧的感觉，这也吸引了很多游客驻足观赏。

蓝梦岛上水上活动项目非常多，比如跳水、滑梯、乘坐香蕉船、水上摩托、玻璃船和海底漫步等。

海兔又称海蛞蝓，海兔不是兔，而是螺类的一种，属于浅海生活的贝类，是海兔科海洋腹足类的统称，因其头上的两对触角突出如兔耳而得名。

▲［蓝梦岛－恶魔的眼泪］

塞舌尔的人间天堂

普拉兰岛

普拉兰岛是塞舌尔群岛的第二大岛，也是最适合生活的岛屿之一。这里环境优美，有着典型的热带雨林气候，风景如画，是著名的旅游胜地。

▲ [潜入水下]

普拉兰岛是塞舌尔的第二大岛，它是塞舌尔的人间天堂，与塞舌尔的其他岛屿相比，该岛更加天然，而且岛上人口不多，天堂般的美景让人犹如置身世外，短暂的与世隔绝带来心灵的宁静，在这里您将忘却时间的流逝。

普拉兰岛拥有典型的热带雨林气候，最大的特点就是椰子树特别多，整整有4000多棵海椰子树，它们就生长在这个地势崎岖的花岗岩岛上，有它们做背景，随手拍出的景色都是一张绝美的明信片，这里还有漫山遍野开的山花，处处装扮着普拉兰岛。

在普拉兰岛可以去拉齐奥海湾或乔吉特海湾看海，这里沙滩宽阔，白沙细软，水天一色，尤其是拉齐奥海滩在美国《国家地理》杂志评选出的“世界最美的海滩”中位列第二名。

▲ [沙滩上的寄居蟹]

▲ [硬币上的海椰子树]

在塞舌尔，海椰子树随处可见，这种树雌雄异株，一高一低相对而立，合抱或并排生长。如果雌雄中一株被砍或死掉，另一株便会“殉情”枯死，因此塞舌尔居民称它们为“爱情之树”。

在当地的传说中，亚当、夏娃因偷吃禁果被逐出伊甸园时，吃的就是海椰子，所以海椰子也被当地人称作“性爱圣果”。

若想看动植物可以去库金岛，这里是塞舌尔自然协会管理的自然保护区，有7种海鸟栖息于此，其中包括白玄鸥和剪嘴鸥类。在这个直径仅1千米的岛上，鸟类的数量估计超过30万只。

若要下海潜水，可以去科多尔海滩，这里的海滩沙质细白，海浪也不大，很适合游泳玩水。

若要登高观景，则可以去普拉兰岛的最高点，在那里可以俯瞰印度洋以及全岛美景。

▼ [深潜入海]

拥有世界十大最美海滩之首的海岛

拉迪格岛

拉迪格岛山景秀丽，海滩迷人，最为难得的是拉迪格岛依旧保留着最原生态的风貌，或许正是这个原因，所以才被美国《国家地理》杂志列为50个一生必游之地之一。

拉迪格岛是塞舌尔的第四大岛，岛上的岩石属于花岗岩，经过千百年来海水和海风的不断侵蚀，一个个光滑圆润，配上翡翠般清澈透亮的海水，形成了拉迪格岛独特的风光。

拉迪格岛上没有过多的开发，保留了古老原始的风貌，在岛上不能开车，只有牛车、自行车和古老而传统的小船。这里还有保存完好的老房子以及古老的椰子加工厂，这些都增添了拉迪格岛的异域风情和自然风光。

在拉迪格岛可以潜水的地方很多，不过最值得推荐去的地方是德阿让海滩。德阿让海滩上造型各异的巨石一块接一块，奇异的姿态，流畅的线条，仿佛上帝的巧匠精心雕刻过一样，这里是欧洲著名电影《艾曼纽》的外景地，所以来此处的欧洲人非常多。德阿让海滩由一些大石头分隔成三个海滩，其中最长的那个海滩最适合浮潜，海滩往海的方向会越来越深，平静的海面因为水下长着海草的礁石与沙滩错落有致而显得斑驳，呈现出不同的颜色。

▼［德阿让海滩］

▼ [夕阳下的海面]
此地也许是接近赤道的原因，日落时天会变得赤红。

美丽得无以复加之地

乌纳瓦图纳

乌纳瓦图纳是加勒地区一个著名的风景区，这里被评为世界十二大顶级海滩之一，海湾呈月牙状，以美丽的海滩和珊瑚闻名，浓缩了斯里兰卡海滩的精华：阳光、大海、沙滩……非常适合游泳和潜水。

乌纳瓦图纳位于斯里兰卡西海岸，是一个小渔村，也是加勒地区著名的风景区。乌纳瓦图纳海滩细长洁白，海水湛蓝，海浪呈月牙状，是名副其实的休闲度假胜地。

乌纳瓦图纳海滩附近有一条小商业街，街上有许多五彩斑斓的酒店和商铺，来这里旅游的欧美游客非常多，因为他们从商业街来回于海滩非常方便。

乌纳瓦图纳海滩附近有很多潜水学

校，是学习潜水不错的选择。乌纳瓦图纳潜点众多，深度不同，适合各个级别的潜水者，无论是体验潜水，刚拿到OW的潜水员，还是资深潜水员，都适合来这里玩。

和其他地方的潜水点一样，这里有很多礁石、珊瑚和浅滩潜水点，但是乌纳瓦图纳最大的特色要数这里众多的沉船潜水点。

无名沉船：这艘船没有明确的历史记录，据说是一艘英国的蒸汽货船。

仰光沉船：这艘仰光沉船傲然直立在未被污染的美丽白色海滩底部，该船前部看起来像海盗船，位于32米深海处。

礁沉船：在大礁石旁边的一艘沉船。

纳尔逊勋爵沉船：这艘现代船沉没于2000年，离岸较近，极短时间内就可以到达，海水能见度很高。

乌纳瓦图纳西部有一座不高的小山峰名叫卢马萨拉，可以沿海滩步行上山，在山顶可以俯瞰加勒，欣赏海鸟。

乌纳瓦图纳在2004年印度洋大海啸时被淹过，外国友人还专门搞了一个志愿组织来帮助它的恢复。

斯里兰卡是盛产红茶、宝石和香料的岛国，锡兰红茶又被称为“西冷红茶”“惜兰红茶”，只有100%斯里兰卡生产的茶叶才能称之为锡兰红茶，市场上许多红茶也宣称为锡兰红茶，实际上是掺杂了印度、肯尼亚等产区的红茶。

探戈沉船：这个潜点大约由20个大型铁大炮组成，从近海岸朝南延伸至水下约24米的位置。

Ralagala沉船点：这里有两艘沉船，目前还没有关于沉船的任何记录。这里可以看到很多仍保留至今的古老的东西。

▲［探索海底沉船］

太平洋

The Pacific Ocean

最具风情的潜水胜地

宿务岛

宿务岛气候宜人，水清沙幼，素有“度假伊甸园”的美称。对于潜水爱好者来说，这里简直是梦中的天堂，完善的潜水设备、专业的潜水课程、惊险刺激的水世界之旅，都令人流连忘返。

▲ [宿务岛]

宿务岛是菲律宾境内米沙鄢群岛中部的一个岛屿，位于保和岛和内格罗斯岛之间。南北长216千米，东西最宽仅41千米，总面积为4697平方千米。

宿务岛的周边小岛星罗棋布，有妈妈拍丝瓜岛、处女岛、吕宋岛、薄荷岛等160余个小岛，各个小岛都有别样风采。

宿务岛地形起伏明显，中部多山地，由石灰岩、页岩、砂岩组成，其中有茂密的热带森林。四周为狭窄的海滨平原，气候湿热，无显著雨季，但受台风影响明显。

宿务岛是菲律宾最早开发的地方，也是西班牙人最早登陆的岛，有菲律宾最古老的城堡及最古老的街道等。此外还享有“南部女皇城”的美誉，如今，宿务岛已发展成为最受游客欢迎的观光点，是菲律宾与国际衔接的第二大通道。

◀ [宿务岛木制十字架]

在宿务岛东方的马克丹岛上，有个麦哲伦的十字架（Magellan's Cross）教堂。这间有着红色屋瓦的教堂里，有一座巨型的木制十字架，这是当年麦哲伦为第一批菲律宾天主教徒的诞生所竖立的。“麦哲伦的十字架”附近的“圣婴大教堂”，里面有充满传奇故事的圣婴雕像，雕像据说是当年麦哲伦从西班牙带来，送给宿务皇后乔安娜受洗天主教的礼物。

麦哲伦发现了菲律宾

1521年，葡萄牙人麦哲伦以简陋的航海仪器环游世界，途中他发现了菲律宾中部的一个小岛——宿务岛，并深深地被它湛蓝的海水吸引。狭长的宿务岛没有高山、密林，也没有肥沃的平原，但四周却有蔚蓝的海洋。这里海水干净，珊瑚美丽，加上终年是夏季的好气候，使它成为潜水者眼中不可多得的天堂。

▲ [麦克坦岛上的拉布拉布纪念碑]

这里是1521年4月27日土著酋长拉布拉布和麦哲伦战斗的地方，拉布拉布就在这里杀死了麦哲伦，他手上的大刀和盾牌据说就是他当时使用的武器。

麦克坦岛

麦克坦岛是菲律宾中部的一个珊瑚岛，是宿务省的一部分，也是航海探险家麦哲伦殉难之地，因此举世闻名。

麦克坦岛度假地点之多可谓宿务之冠。这里没有宿务的喧嚣及商业味道，四处皆是漂亮的海滩及度假设施，有各式各样的水上活动，如风帆、潜水等，令游人乐而忘返。

莫阿尔博阿尔

莫阿尔博阿尔位于宿务岛西南端，这里是度假胜地，也是潜水天堂。莫阿尔博阿尔最初是由徒步旅行者发现的。

▲ [海底世界]

后来虽不断有游人慕名而来，小岛平静温和、悠然自在的气质仍未受污染。

在这里，经验丰富的潜水教练会带你进行生动、刺激的海底探险，找寻海中五彩缤纷的珊瑚，甚至飞机残骸。

▲ [莫阿尔博阿尔]

巴里卡萨岛

作为世界浮潜胜地，宿务的巴里卡萨岛是一个迷人的海沟，有着著名的巴里卡萨大断层，其海底独特之处在于离海岸 30 米以外，突然垂直下降 150 米，而海底落差带来了丰富的深海鱼种，当地人称之为“玫瑰大峡谷”。透过潜望镜，可以看到呈玫瑰形状的珊瑚，其珊瑚沿着断层生长，还可以看到逗趣的小丑鱼等海洋生物。要是带着面包下水，撕下一小块捏在手里，还会引来小鱼儿过来叼食。

墨宝沙丁鱼风暴

宿务岛西海岸有个叫墨宝的渔村，这里有举世闻名的沙丁鱼风暴，沙丁鱼最早是在波斯卡多岛附近，后来迁徙到Panagsam Beach潜点附近，因为台风的原因沙丁鱼消失过一段时间，后来又神奇地迁徙回来。只需要离岸15米，就能看到几十万条沙丁鱼游动的震撼景象，潜入海中观赏，那种壮阔奇丽的场面让人终生难忘！

在墨宝所有的潜水中心都能提供完善的潜水配套及有关服务，连PADI课程也有，完全可以放心玩潜水。

▲［飞机残骸］

▲［沙丁鱼群］

媲美非洲大草原的潜水胜地

图巴塔哈群礁

图巴塔哈群礁包括一个珊瑚礁（礁顶和礁石边缘几乎未遭侵蚀），一片水草、珊瑚丛生的广阔礁湖和两个珊瑚岛——南北两个环礁，两者之间相隔一道8千米宽的海峡。这里并没有永久居民。渔民季节性地来此捕鱼，现今图巴塔哈群礁国家海洋公园对旅客开放，来此潜水的游客络绎不绝。

▲［海底鱼群］

图巴塔哈群礁位于菲律宾巴拉望省普林塞萨港东南181千米的苏禄海中。整个礁群被一道8千米长的海峡分隔开，南北两个珊瑚环礁各自形成一个突出水面的小岛。这里也是菲律宾图巴塔哈群礁国家海洋公园，在世界七大自然奇观的竞选中，图巴塔哈群礁曾获得提名。1993年，该公园被列为世界文化遗产。

图巴塔哈北礁

北礁是一个巨大的、连绵不断的椭

▲ [潜水归来]

圆形平台，长16千米，宽4.5千米，看上去就像是将一个24米深的含沙礁湖装入袋子里。礁石平台所处位置很浅，只有涨低潮时才能浮现出来。北礁属沙质珊瑚礁，是鸟类和海龟的主要栖息地；朝海的一边则是高达四五十米的峭壁。

2013年1月17日，美国海军“护卫”号扫雷舰在图巴塔哈群礁国家海洋公园范围内搁浅，损害了当地的珊瑚礁资源。

图巴塔哈南礁

南礁宽1～2千米，呈较小的三角状。与北礁类似，南礁也是动物的栖息地，除了作为海洋生物的生活地，图巴塔哈南礁也是一个著名的鸟类保护区，在南

部环礁的一个灯塔小岛上，每年的迁徙期间会有数以万计的红脚鲣鸟、燕鸥、军舰鸟来此休息。

▲［图巴塔哈群礁的“珊瑚墙”］

所谓“珊瑚墙”，是指潜礁与深沟比邻的现象，海沟的沟壁便成了竖立的墙。这些珊瑚还是各种色彩斑斓的鱼类的栖息地：锤头鲨鱼、梭鱼、蝠鲼、手掌大小的镰鱼、鹦鹉鱼和鳗鱼等将珊瑚作为良好的避难所。濒危物种玳瑁海龟也在图巴塔哈的珊瑚中筑巢。

著名的“珊瑚墙”

图巴塔哈群礁因其著名的“珊瑚墙”而成为流行的季节性潜水运动地点，也被认为是菲律宾最好的潜水地点。珊瑚覆盖了整个区域的三分之二，超过 1000 种海洋生物在图巴塔哈群礁内栖息，有许多种类已被确定为濒危生物。已发现的动物包括蝠鲼、狮子鱼、海龟、小丑鱼和鲨鱼等。

▲［奇妙的海底生物］

潜水者的天堂

诗巴丹岛

诗巴丹拥有得天独厚的条件，而5米的浅滩之后就是垂直落下600～700米深的湛蓝深海，1993年曾有颇具影响力的潜水杂志访问潜水爱好者们，他们一致认为诗巴丹是世界上“海滨潜水”之最，同时也为世界五大峭壁潜水之首。

▲［海狼风暴（一）］

在诗巴丹岛，海水拥有极佳的能见度，但水流有时比较大。在此潜水可备流勾一个，用来将自己固定在悬崖上，观看海狼风暴。除了海狼风暴外，还可以看到狗鱼群、隆头鹦哥群，以及数以千计的燕鱼在面前翻飞。

▲［海狼风暴（二）］

诗巴丹岛位于距离仙本那港36千米的北西里伯海上，是一个菌菇形状的海岛，地处北纬4度左右，虽极近赤道，却甚凉爽。马来西亚政府向国内外宣传这里是“世界首屈一指的潜水天堂”。

诗巴丹岛被一大圈硬珊瑚环礁包围，一步跨出便是深深的海崖，落差达到600米以上。

诗巴丹岛的水底世界无疑是迷人的，从浅到深可以看到形状各异的珊瑚、海葵、海绵以及由成千上万条白鱼和其他鱼组成的巨大鱼群。这个海底潜水乐园

▲［珊瑚花园］

还是绿海龟和玳瑁成群结队栖息和繁殖的温床，潜水者随时可以加入规模庞大的海龟队列，在它们的带领下畅游海底世界。另外，这里还有一个潜水者不能错过的奇景，那就是成千上万条海鱼密集在一起形成飓风眼状的壮观景象。

诗巴丹岛潜点众多，以下介绍的几个潜点是大家比较常去的，诗巴丹犹如朝圣者心目中的麦加一样，是潜水者心目中的天堂。这里水温温和、水流和缓、水中能见度也属中上，鱼类丰富，是世界闻名的潜水天堂。

世界潜水之父雅克·伊夫·库斯托称诗巴丹是“未曾受过侵犯的艺术品”。整个诗巴丹潜水区域包括了诗巴丹岛、马步岛、卡帕莱岛以及石油钻井平台 SEA VENTURE。

▲［海龟］

诗巴丹岛海狼风暴点（Barracuda Point）

海狼风暴点堪称世界上最好的观看海狼风暴的地点，每年世界各地的潜水员慕名而来想一睹海狼风暴所带来的震

马来西亚政府曾在 1997 年宣布控制访问诗巴丹的游客数量，但规定没有被严格执行。

目前，诗巴丹岛不提供住宿，对上岛有人流控制，每天上岛人数不得超过 120 人。

潜水许可证需要提前申请，并且每次潜水前，必须本人上岛签字来核实资料。

撼。这里说的“海狼”，也就是真金梭鱼和鬼金梭鱼，它们游水迅速，常集体追捕其他鱼类，极为凶猛，但通常不主动攻击人类。

能遇到壮观的“海狼风暴”是非常让人激动的，在海狼风暴点，有时还能看到鲨鱼在风暴点捕食，这种鲨鱼见到人类掉头就窜走了，没有攻击力。

珊瑚花园（Coral Garuen）

珊瑚是鱼类的家园，构筑起海洋生物赖以生存的平台。诗巴丹拥有众多的鱼类，与这片美丽的硬珊瑚密不可分。大体上其他的潜点都是峭壁潜，但这个珊瑚花园却在很浅的水下，阳光温柔地洒落在碧水下的珊瑚上，无数的各色小鱼在其中逡巡穿梭。

深沟潜点

深沟潜点附近的15米水下有个天然形成的洞穴，里面道路复杂，有不少支洞，海龟偶尔会跑进去睡觉，龟洞的入口处有警告的标志，除非拥有洞穴潜水的证书才可以在这里潜水。

鹿角顶

鹿角顶的平均深度为20米。这个潜点有强烈的水流吸引整群的金梭鱼群及狗鱼群，海狼风暴再加上旗鼓相当的狗鱼群，使水下景象壮观非凡。

洞穴中有为数不少的龙虾，潜水者可以悄悄地从不同角度拍摄，这里的软硬珊瑚的分布也非常完整，还可仔细观察一些小东西，如裸鳃类、叶鱼、娃娃鱼等。

▲［龙虾］

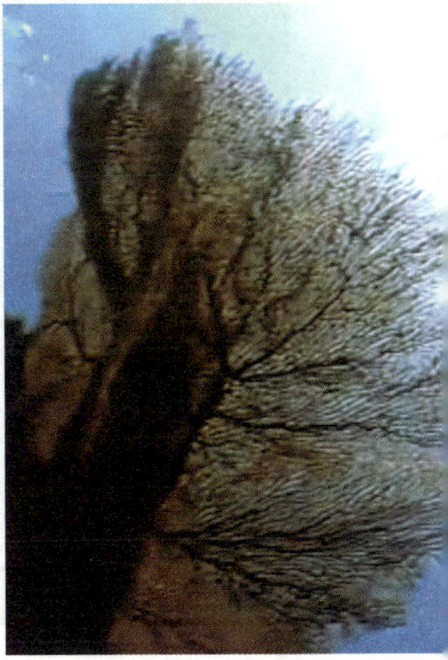

▲［海底珊瑚］

世界上最壮观的原始珊瑚礁

瓦卡托比

在瓦卡托比可以充分享受不一样的海底世界，这里环境相对来说较安静，很容易使潜水者放松心情，沉醉其中。

▲ [WAKATOBI]

被称为世界海底奇观的瓦卡托比国家公园，位于印度尼西亚的苏拉威西岛东南部，是一个在地图上找不到的神秘之地。瓦卡托比（WAKATOBI）并不是一个岛，而是由4个岛屿名字的开头2个字母得来，即万吉万吉岛（Wangi-Wangi）、卡莱杜帕岛（Kaledupa）、托米阿岛（Tomia）、比农科岛（Binongko）。

▲ [瓦卡托比海底一角]

这里有壮观的岩礁、各种海洋生物和一些异常美丽的珊瑚礁，此处既有软珊瑚又有硬珊瑚，有超过40个潜水点，其中一些潜水点的水位十分浅，适宜初级潜水者练习、锻炼，是潜水者的天堂。在这里可以与海鳝、海豚、魔鬼鱼和海龟进行亲密接触。

这里的花边扇珊瑚密集分布，保护完好，十分壮观。瓦卡托比的岛屿虽然不多，但面积广阔，周围都簇拥着珊瑚礁，很多地方至今还没有人前去潜水过，等待喜欢探险的人去发现。

▲ [砗磲]
世界上已经发现的 8 种砗磲有 7 种在美娜多落户。

东方最美之地

美娜多

美娜多，这是资深潜水客的“圣地麦加”——虽然它在国内的名气似乎并不那么响亮。在五大潜水机构 PADI、CMAS、SSI、NAUI、BSAC 评定的潜水胜地中，大堡礁排第 2，马尔代夫也只能排第 4，美娜多却是排第 1 位。

美娜多，俗称万鸦老，隶属于印度尼西亚境内北苏拉威西省首府，濒临苏拉威西海，是苏拉威西岛的第二大城市，为群山所环绕，素以海岸美景著称。

这里也是博物学家阿尔弗雷德·华莱士所说的“东方最美的地方之一”，如今的美娜多（万鸦老）其实是重建的，1844 年一场大地震摧毁了原来的城市，后来荷兰人重新修建了这里。

除了美娜多的米纳哈萨区拥有令人着迷的乡村景色外，从美娜多到托莫洪，沿途田、椰林、香料园遍布。在宁静的乡村小镇中，有雅致的教堂、传统的高脚屋，在其他城市已经绝迹的牛车、马车，还有远处正在沉睡的活火山等美景，更令人惊叹的便是这里的海底世界了。

美娜多处于热带季风区，属热带雨林气候，每年4—10月是潜水的最佳时间，由于受到季风的眷顾，洋流带来的丰富浮游生物为海底生物提供了充足的养分，这也正是这里物种珍奇多样的重要原因之一。

布纳肯国家海洋公园

布纳肯国家海洋公园于1991年正式建立，由布纳肯、美娜多图阿岛（Manado Tua）、曼德哈单（Montehage）、奈恩（Nain）和西拉登（Siladen）五个岛屿组成，整个公园面积约有89 065公顷，97%的面积都是清澈、温暖的海洋。这里有超过30个水肺潜水和浮潜地点，是美娜多潜水的精髓所在，有句话在当地潜水者口中传颂着："即使是找死，潜水者也要去布纳肯"。

布纳肯国家海洋公园最迷人之处，就在于其海底景观的千变万化，在这里可以看到超过300种珊瑚与3000种以上的热带鱼，如豆丁海马、火焰墨鱼、娃娃鱼、泗水玫瑰、叶鱼、绒毛娃娃鱼、天蝎鱼等一些可爱的小东西，它们栖息在30～100米深的海水间。

布纳肯国家海洋公园的五个岛屿都是从海中升上来的，岛上有几乎未被破坏的原始礁石，其礁石上有多姿的各种

▲［色彩斑斓的海底世界］

▲ [美娜多潜水]

美娜多位于亚洲与大洋洲的交汇点，终年水温保持在28℃左右，加上极少开发，让美娜多的海洋资源十分丰富，海洋生态相当多样。

软、硬珊瑚和丰富的海洋生物……

这里也是世界级的峭壁潜水地点——海底断崖。

在布纳肯除了珊瑚礁和著名海底断崖外，所有级别的潜水员都可以找到适合自己的潜点。

在这些潜点你能看到成群的海龟和游荡的礁鲨等一系列的惊喜。

利库安 2

美娜多除了布纳肯国家海洋公园外，还有另一个绝佳的潜水胜地——利库安2（Likuan2）。

在利库安2这个潜点，可以遇到珊瑚礁中居住的奇异生物。这里有不同颜色的海葵、6种小丑鱼，还有许多蝴蝶鱼、鹦鹉鱼、隆头鱼和雀鲷等可爱的海洋生物。

在这里潜水还可以欣赏到成群的梭鱼、白鳍鲨、隆头鹦哥甚至海蛇。若是运气好的话，还可看见大海龟与锤头鲨。

美娜多不愧为潜水者口中说的“死了都要潜”的世界排名第一的潜水胜地。

▲［美娜多海洋生物：虾］

▲［美娜多丰富的海洋生物］

海底探险与寻宝天堂

韦皮岛

韦皮（Uepi）岛给人一种隐藏在热带雨林的感觉，充满原始自然的气息。在这里有众多适合潜水游玩的海域。

在距离韦皮岛约一小时船程的地方，有一艘日本补给船，埋在水深30多米的海床上，在船上既发现有军用补给物资，也有陶瓷、玻璃器皿、啤酒乃至剃须刀等日用品，让潜水人士过足海底寻宝探险的瘾！

韦皮岛位于《Lonely Planet》杂志2013年评选的最佳旅游地第六位的所罗门群岛。所罗门群岛在很多榜单上出现，比如“最后的胜地”“快消失的旅游天堂”等，而且中国公民持护照可以在此享受免签！这里有太平洋风情、潜水天堂、原始森林、“二战”回忆……

这个美丽的群岛中最值得说道的就

▼［水下嬉戏］

▲ [海底珊瑚]

是韦皮岛。

韦皮岛是所罗门群岛西部省的一个小型礁堡岛，它被南半球最长礁湖马罗佛礁湖包围。

韦皮岛介于深浅两个水域之间，一边是清澈见底的礁湖，另一边的海域却如深渊般混浊不清。

在潜水发烧友的圈子里，所罗门群岛简直是天堂，因为其海底世界美丽多变，有如华丽的舞台。

韦皮岛除了海水清澈之外，还有各种热带鱼群和珊瑚云集，场面热闹缤纷。

由于此海域是第二次世界大战时期的战场，海底有很多因各种原因沉没的船只和被击落的飞机，是潜水爱好者探险和探宝的好地方。

离韦皮岛不远的泰特帕雷岛被世人称之为“最后的蛮荒之岛”，自19世纪中期以来便无人居住，当时本土部落因猎取人头的野蛮人的威胁，人们纷纷逃到周围岛屿。

▲ [海虾]

珊瑚花园

巴拉浅滩

虽说科隆岛有不止一处海滩，但遍布着美丽珊瑚礁的就只有巴拉浅滩了。它吸引了来自世界各地的潜水爱好者，感受这里美妙的海底世界。

▲ [丰富的海底世界]

在菲律宾巴拉望的科隆岛这个被世界赞誉为蔚蓝大海上的璀璨明珠的地方，有一个神秘的小岛——巴拉浅滩。

珊瑚花园

在巴拉浅滩附近，距离科隆非常远的一处海域，便是人们口中所赞美的“珊瑚花园”，该地也是科隆保护得最好、最美丽的一片水下世界。这里的水下珊瑚礁品种齐全，面积庞大，色彩丰富，布局奇异。最关键的是，这片水域下的珊瑚覆盖率几乎是百分之百，在这里几乎看不到任何裸露的白沙，因为来这里的人少，对珊瑚的破坏也很小，所以几乎看不到像近海那样惨白的死珊瑚景象。除此之外，在深海中潜游，还可以发现非常稀有的、硕大的、独特的叶状珊瑚，美丽得如同盛开的玫瑰花，还有难得一见的蓝色鹿角珊瑚和令人目不暇接的大片紫色的鹿角珊瑚，这片“珊瑚花园”在世界上名声远扬，在世界绝佳潜水排行榜上，都是数一数二的。

沉船潜水点

在这片海域中，还有残留着废墟的船体，其船身早已锈迹斑斑，整个船身几乎都被覆盖上了美丽的珊瑚和海藻，即使是在水面浮潜也可以看到沉船上栖息的各种海洋生物。庞大的沉船倾斜地扎向海底，那种视觉上的冲击，尤其令人震撼。

▲ [浅滩戏水]

▲［奇异的海底生物］

▲［丰富的海底世界］

科隆位于菲律宾巴拉望省北部卡拉绵群岛最北面的布桑加岛东南端，由布桑加岛、库利昂、科伦三个大岛组成，在这几个大岛之间星罗棋布地点缀着众多小岛，此区域统称为卡拉绵群岛。核心城市即科隆镇，是巴拉望省的第二大城市，但实际只是一个人口不过3万的小城镇。

初级潜水点

最浅的地方在退潮的时候几乎都能露出水面，因此这个潜点是最适合浮潜和初级潜水的地方，当天气好的时候潜水效果是最佳的。由于这附近海域洋流相对较弱，能见度高，可达30米深。

丰富的海底生物

巴拉浅滩的海底到处充满奇趣可爱的海底生物，有很多热带鱼，如鹦鹉鱼、濑鱼、蝴蝶鱼以及调皮好动的海葵鱼、狮子鱼等，这些五颜六色的热带鱼群忙碌地穿梭在珊瑚群中，在蓝色海水的映衬之下，让潜水者好似掉进了万花筒。其海底世界深邃迷离，是适合深潜的最佳场所。

水下摄影师的天堂

金贝湾

在太平洋中有座珊瑚王国，名叫金贝湾。摄影师杜比莱说："这个世界比外太空的最远处还要充满异域情调。"

◀［海底日军飞机残骸］

在金贝湾的陆地上，沉睡着两架第二次世界大战时期美军轰炸机的残骸，这是两架被日军击落的轰炸机。在离这里不远的一片海域里，还横卧着另一架飞机的残骸，不过这不是美军的飞机，而是日军的战斗机。当年的坠机成了现在潜水者喜欢探索的天堂，其海底残骸上已经锈迹斑斑，同时也长满了珊瑚，成为了鱼类家园。如果有幸来金贝湾，一定要去海底看看这架日本飞机所形成的海底世界。

金贝湾坐落在巴布亚新几内亚新不列颠岛的海滩上，占地约9800平方千米，是珊瑚礁三角区的一部分，三角区中存活着全世界76%的珊瑚种类。狭窄的沿海大陆架如到达世界尽头般突然下落，形成2000米深的深渊和水下山峦，从而成为一处天然的潜水胜地。

这里物种众多，海湾中有900种岩礁鱼类，可以说是一座律动着的生命宝库，水下有许多美丽的海洋生物，如栉羽星，栉羽星这种动物看起来像植物，它们将金贝湾中的浮游生物扫荡入腹。

这里还盛产虾虎鱼，虾虎鱼对栖息地的条件要求十分严格，其中有些一生居住在某个地点的某一种珊瑚丛中。如果这一特定种类的珊瑚消失，那么这种鱼也将随之灭亡。

▲［鱼群］

多彩的珊瑚之旅

色带礁

色带礁是一片与澳大利亚东北海岸线平行的珊瑚礁，这里人烟稀少，远离喧闹，在这里潜水别有一番滋味。

色带礁位于大堡礁的北端，是值得一去的潜水胜地，它地处热带气候区，受季风影响明显，因而潜水地点会由于天气条件的差异而有所不同。最有名的潜水点是鳕鱼洞和史蒂夫礁。

鳕鱼洞

在鳕鱼洞潜水时，下潜到 20 ~ 25 米深处可以看到马铃薯斑鳕鱼、毛利鲷及大苏眉争夺海鲜餐的特有景观，还有机会和巨型但是友善的土豆鳕鱼一起畅游海底。

史蒂夫礁

史蒂夫礁离鳕鱼洞不远，这片海域有大量的珊瑚，珊瑚丛中有很多海洋生

▲［海底珊瑚礁］

物。潜水时，可以观赏到成群结队的毛利濑鱼、红鲈、海葵、白鳍鲨、巨蛤、多鳞霞蝶鱼、所罗门甜唇、羽毛海星等海洋生物。

除了鳕鱼洞和史蒂夫礁外，色带礁周边还有其他的一些潜水点，如奇迹之墙（Wonder-wall）、妖精之巅（Pixie Pinnacle）、挑战者湾（Challenger Bay）、双塔（Two Towers）、灯塔（Lighthouse Bommie）和蛇窖（The Snake Pit）。

在色带礁周边潜水还有机会奇遇鲨鱼群，这种鲨鱼一般不攻击人。

大堡礁拥有400多种珊瑚（占全球珊瑚种类的三分之一）。作为拥有大约8000年历史的活体珊瑚层，大堡礁在过去50万年里不断地在死珊瑚和藻类上发育繁衍。

史蒂夫软珊瑚群有各种不同类别的海葵鱼、尖嘴鱼、梭鱼以及各种健壮的软硬珊瑚。适合珊瑚礁浮潜、水肺潜水。

▲［海底大鱼］

大堡礁的核心之美

艾尔利海滩

艾尔利海滩拥有狭长迷人的海岸线、坐落于大堡礁上的海滩、银色沙滩及蔚蓝大海，是真正的热带度假胜地，备受潜水者的追捧。

艾尔利海滩是位于澳大利亚昆士兰州圣灵群岛的热带海岸，圣灵群岛位于世界七大自然奇迹之一的大堡礁的心脏地带，由 74 个海岛组成。

艾尔利海滩周边有众多可以潜水的宝地。

▲［捕捉海底鱼群］

▲ [艾尔利海滩白色沙滩]

潟湖（Airlie Beach Lagoon）

潟湖位于艾尔利海滩的正中心，是艾尔利海滩的一大亮点。海边建了很不错的露天游泳池，这里适合浮潜，可以畅游在浅海之中，自己捕捞水下生物，当累了的时候，岸边还有免费的BBQ烧烤炉。

▲ [海蛇]

白日梦岛（Daydream Island）

白日梦岛是圣灵群岛中距离陆地最近的小岛。该岛风光旖旎，以珊瑚礁著称。岛上有多种水上项目：水下通气管潜航、水上摩托、驾帆伞滑翔、珊瑚礁观赏、潜水、海滩排球、乒乓球、羽毛球和美容Spa等。

▲［心形礁］

▲［情侣投影］

白天堂沙滩

白天堂沙滩被誉为“澳洲最美的沙滩”和“全世界最环保和最干净的沙滩”，也是澳大利亚被拍摄次数最多的沙滩之一。

白天堂沙滩的海岸绵延 7 千米，这里有很多好玩的水上项目：游泳、浮潜、钓鱼、坐船和水上飞机。尤其是白天堂沙滩的快艇刺激游非常值得一试。

心形礁

心形礁是大堡礁的一个奇特景观，位于惠森迪段哈迪礁群内，被称为“大堡礁之蓝色心脏”或“海洋之心”，是整个珊瑚群中出落得最为动人的珊瑚礁。它浑然天成，酷似心形，让世界各地的游人慕名前来，只为一睹它的娟秀面容。

艾尔利海滩比起澳大利亚其他海滩乃至世界各地的潜水海滩，都要更加安静。它是澳大利亚本土人潜水、驻足、旅游、休闲的地方，相较于凯恩斯的喧嚣、热闹、商业气十足，艾尔利海滩更宁静、悠闲，是喧嚣世界中的一方净土。

心形礁距离海面 1.5 米左右，浪潮低时还会露出海面。这一人间奇迹是由上百万只直径只有几毫米的珊瑚虫无意中造就的，是全球十大求婚圣地之一。

兼顾情怀的美食天堂

汤斯维尔

这里四季如春，城市周围被热带雨林区所环绕，当地拥有绵延2000多千米、世界最大的活体珊瑚礁群景观，以及迷人的海岸线、宝石般的岛屿、银色沙滩和蓝色海洋。

汤斯维尔隶属于凯恩斯，是昆士兰北部的旅游重镇，也是澳大利亚的一个热带气候城市和昆士兰州东部港口城市。位于罗斯河口，濒临克利夫兰湾。汤斯维尔是一个既有商业大都会的情怀，也有热带风情的城市，同时也是一个潜水的绝佳地点。

多种生物

汤斯维尔自然条件优越，无大风大浪，是多种鱼类的栖息地，在这里不同的月份能看到不同的水生珍稀动物。

据统计这里约有鱼类1500种，软体动物达4000余种，聚集的鸟类多达242种。这里还是某些濒临灭绝的动物物种（如儒艮和巨型绿龟）的栖息地。

奇特的珊瑚

此处有许多千姿百态的珊瑚，异常鲜艳。在昆士兰热带博物馆中有世界上

▲［海面夕阳］

▲ [海底探险]

最大的珊瑚礁水族馆。

汤斯维尔海岸

乘着风帆观赏汤斯维尔海岸的美景更是赏心乐事。围绕汤斯维尔的水晶溪山国家公园是一处热带雨林，登上公园中的小山岗远眺，可将整个哈利福湾尽收眼底。在这里还可以进行丛林探险，惊险又刺激，趣味无穷。

南汤斯维尔海事博物馆

南汤斯维尔区坐落在罗斯溪河岸上，距离汤斯维尔市中心仅一桥之隔。南汤斯维尔海事博物馆内展示着“SS 永嘉拉”号沉船，这艘游船于 1911 年沉没，船上 122 人全部葬身海底。沉船残骸位于汤斯维尔海岸旁，如今成为世界顶级沉船潜水点之一。

磁岛

距离汤斯维尔仅 20 分钟船程的磁岛，又名为“澳大利亚的考拉岛”，是澳大利亚北部栖身考拉最多的地方。

磁岛面积的三分之二是国家公园，公园中拥有幽静但可方便出入的海湾及金黄色的沙滩。岛上拥有独立住宿的酒店以及背包客旅舍。在这里可以进行环岛乘船游、帆伞运动、哈雷·戴维森之旅、水上运动、高尔夫、潜水探险、水上摩托艇、垂钓、骑马等活动。

金色海滩

使命海滩

使命海滩是一个缤纷、悠闲的海滩，虽然使命海滩是离大堡礁最近的海滩，但比起其他海滩，使命海滩绝对是这些海滩中最为安静的一个海滩。

使命海滩位于昆士兰州，是一个北起肯尼迪湾、南至加纳海滩的金色海滩，全长 14 千米，之所以闻名是因为其优越的地理位置。使命海滩距离澳大利亚两大重要世界自然遗产——大堡礁和湿润热带雨林都很近。使命海滩是距大堡礁诸岛最近的大陆通道，乘船前往只需 1 小时。

使命海滩由四个村落组成，分别是南使命海滩、翁琳海滩、北使命海滩和宾吉尔湾。这里温和的热带气候，为全年享受水上活动营造了完美的条件。

临近海岸有一处浅礁

据当地人介绍，从北使命海滩的南端波特普的小溪一直延伸至北端的克拉姆普角，是一个绝佳的垂钓和潜水地点。

野生动物

使命海滩是许多野生动物的栖息地，

▲ [使命海滩一角]

▲ [潜入深海]

在周边的雨林中可以寻找到一种不会飞的大型鸟类，它就是著名的濒临灭绝的食火鸡。

出于对热带雨林鸟类的保护，这里的大部分区域属于国际鸟类联盟指定的海岸湿热带重要鸟类保护区。

▲ [食火鸡]

食火鸡别称鹤鸵，是世界上第三大的鸟类，它身高150厘米，羽衣黑色，喉部有两个红色垂肉，头部蓝色，具保护性骨质头盔，但是不会飞。

这里适合各种潜水

在使命海滩的海域中，潜水活动可以分为船潜、海滩潜水和深潜。

潜水者可以享受充满探索和发现乐趣的奇境，还可以近距离观察海底的巨藻森林，以及为各种海洋动物和植物提供栖息地的美丽礁石。深潜者更可以感受奇妙的水下生态系统。

不落俗套的旅游胜地

道格拉斯港

道格拉斯港集海洋、热带雨林和沙漠于一处，其最吸引人的地方还是变化多样的海底世界。

▲ [道格拉斯港风景]

道格拉斯港位于凯恩斯北部约 70 千米的地方，拥有辽阔的海洋、壮丽的热带雨林景观和沙漠，集海洋、热带雨林和沙漠于一处，被称赞为“一个不落俗套的旅游胜地”。

▲ [鳄鱼]

道格拉斯港因有热带雨林和鳄鱼泛滥的沼泽与河流，过去是一个捕鳄的好地方，当地许多人就靠捕鳄为生。现在鳄鱼大量减少，被列为保护动物。

道格拉斯港有澳大利亚最大的原始热带雨林黛恩树国家公园。在公园中，有各种热带植物和动物，在这里最值得期待的是可以和考拉做一次亲密接触，

累了还可以在森林餐厅中品尝自然风味。

道格拉斯港海滩的沙质非常细腻，踩上去没有任何不舒适感。沙滩不仅长，还非常宽。海水水质清澈，相对于其他著名海域来说，光顾这里的游客略显少，但环境优美且安静，而且地理位置相对来说更加靠近外海。当地海域内的珊瑚也保护得比较好，有连绵不断的多彩、多形的珊瑚景色，再加上无数美丽的小鱼穿梭其间，吸引了世界各地游客来此观赏海底奇观。无论对于浮潜还是深潜来说，都是非常好的选择。

道格拉斯港的光照非常充足，一年有三分之二的时间可以看到阳光，年平均气温也非常舒适，给潜水爱好者提供了绝佳的条件，即使在冬天，也可以穿着泳衣到海水里面游玩。

道格拉斯港人烟稀少，风景如画，由于位置特殊和环境宁静吸引了很多政要及名人前来度假，包括美国前总统克林顿等。

▲ [道格拉斯港风景]

道格拉斯港多种地貌景观交织在一起，形成一道靓丽而又神奇的风景线。沿着库克船长公路一直走到底，来到这个既有热带雨林风貌，又不乏荒原的广阔地方，再加上一点海蓝的点缀，种种奇景汇聚在这里。

▲ [考拉]

考拉是澳大利亚的国宝，是一种珍贵的原始树栖动物。其英文名 Koala bear 来源于古代土著文字，意思是“no drink”。因为考拉从它们取食的桉树叶中获得所需的 90% 水分，只在生病和干旱的时候喝水，因此当地人称它“克瓦勒”，意思是“不喝水”。

潜水热带世外桃源

蜥蜴岛

蜥蜴岛以23个令人惊叹的分散的白沙海滩著称，有着狭长、美丽、曲折的海岸线，是一个完美的潜水胜地。

当年库克船长和他的船员们是第一批登上这个岛屿的非原住民。他们在库克敦修好了“奋进”号并继续向北航行，到达蜥蜴岛并在此停泊。人们之所以这样命名这座岛屿，是因为岛上有一种与印尼巨蜥同种的蜥蜴。

库克船长原名詹姆斯·库克，曾经三度奉命出海前往太平洋，带领船员成为首批登陆澳大利亚东岸和夏威夷群岛的欧洲人，也创下首次有欧洲船只环绕新西兰航行的纪录。

蜥蜴岛坐落于大堡礁的北侧，是一个风景如画的美丽岛屿。

岛上有大型国家公园，公园的周边是铺满白色细沙的私人海滩，岛屿四周环绕着珊瑚礁，巨蛤慵懒地躺在海底，色彩缤纷的热带鱼时刻保持着警惕，看起来令人眼花缭乱。

蜥蜴岛的沙滩绵长，沙质松软，有小型的岩石岸滩，这里的海水就像水晶般清澈，神奇的珊瑚围绕着岛屿。

蓝天、碧海、金沙滩，海洋的广袤、日落沙滩的旖旎，这一切都让人简直从心底里就无法抗拒蜥蜴岛。

蜥蜴岛也因为潜水而闻名世界。在岛周边有许多绝好的潜水地点。

▲［遥望蜥蜴岛］

海洋生物最丰富的潜水区

蓝壁海峡

蓝壁海峡被全球5家最权威的潜水组织公认为是全球最佳的潜水点之一，是地球上海洋生物种类最多的地方。此处潜水点能见度不佳，因为这里是火山岩地形，海底多为火山泥的沙地，但也正因此才能培养出丰富的生物。

蓝壁海峡位于北苏拉威西和蓝壁岛之间的狭长海域，宽度只有1.2千米，此处为火山岩地形，海底多为火山泥的沙地，海水中的漂浮物和微生物导致能见度不佳，但也因此培养出丰富的生物：火焰墨鱼、娃娃鱼、泗水玫瑰、叶鱼、绒毛娃娃鱼、天蝎鱼、顶鳍鱼衔鱼、海龙、鬼龙、蟹眼虾虎鱼、占星鱼、蛇鳗、西班牙舞娘、皇帝虾、海笔、瓷蟹、海鞭、八爪鱼等。

▲［探索海底世界］

蓝碧海峡有36个潜点，大多位于海峡内苏拉威西主岛和蓝壁岛的岸边，水深5～30米，因为外有蓝壁岛阻隔了外洋的风浪，所以海峡内大多是风平浪静，且所有的潜点都在船行5～20分钟之内即可到达，相当方便。

毛球（Hair Ball）

这是一个典型的潜水区，水深约1075米，能见度约10米，纯火山岩沙坡地，触目一片荒寂，但细看之下，黑色的沙地上居住着各种小生物：长毛海兔、蝎子、海葵虾、龙凰、螃蟹背海胆、模仿章鱼、刁海龙、海马，以及各种蛙鱼与全身长满毛的鲉。这也是此处名称之由来。

珊瑚斜坡

这里是一处珊瑚斜坡地形，沙地上有巨型鳄鱼，珊瑚上有各种小生物，如海扇，黄色、黑色、红色的珍珠鬼龙，以及受过训练的人才可见的羽毛海星上的掩护虾，还有不易瞧见的海鞭上的掩护虾。

▲ [珊瑚区]

▲ [海底生物]

Batu Angus

这里的特色是绵延无尽的萵苣珊瑚，有 2 枚砗磲贝，大约 1.5 米长，还有很多小丑鱼和海葵，而海葵上的清洁虾更是不计其数。此潜点以广角景观为主。

Jetty 滩

“Jetty”下有一块大礁石，石前沙地上有一个大洞，洞中住着一只很大的虾姑；此外还可以看到微型章鱼、螃蟹、斑纹蛇鳝、龙鳗。“Jetty”下的夜潜很精彩，不容错过。

天使之窗

可以见到多种鱼群，这是一处会让潜水员非常震撼的潜点。海中有突起的礁石，礁石上布满缤纷的珊瑚，15 米处有一洞穴可以穿越，无需探照灯，洞穴内鱼类丰富，景观令人流连忘返。洞外沙地上有许多难得一见的小东西，如模仿章鱼、行路花枝、海葵虾等。

塞莲娜西岸

蓝壁海峡中央的小岛，是一处比天使之窗更美的潜点。有石狗公、夜潜毛球、鱼类小龙、天蝎鱼、娃娃鱼、黄底红斑的超小娃娃鱼、叶鱼、钓鱼娃娃鱼、游行海鳗、螃蟹背海绵、斑点比目鱼、U型管虫、红色的针虾、超小箱型河豚、扁形西班牙舞娘和爬行贝类等。

▲ [徜徉海底]

与鲸鲨共舞之地

宁格鲁礁

宁格鲁礁的海滩拥有长达300千米的海岸线，但游人比较少，拥有许多理想的潜水点。

宁格鲁礁是澳大利亚最大的边缘珊瑚礁，跨越面积达604平方千米，2011年被联合国教科文组织列为世界文化遗产，被认为是世界上最大的未经侵扰的珊瑚礁区域之一。

宁格鲁礁与其他珊瑚礁不同，宁格鲁礁距离海滩仅有几步之遥，使得这里成为各类海底探险活动的天堂。从岸边看去，就可以发现美丽的珊瑚礁，而水底下更是个多姿多彩的海洋世界。

▲［被礁石卡住的海龟］

▲ [宁静的海岸]

在这里可以亲眼见到地球上最大的生物之一——宁格鲁鲸鲨，最大的鲸鲨身长可达 12.65 米，体重可以达到 21.5 吨。

宁格鲁海岸有许多理想的潜水点，水深 3 ~ 20 米，海水下有绚烂多彩的珊瑚花园，在宁格鲁礁几乎全年都能观赏到种类丰富的海洋生物，拥有超过 180 种色彩斑斓的热带鱼，如小丑鱼、狮子鱼、海鳗，还有海龟和海蛇等，在宁格鲁礁浮潜就如同进入了一个多姿多彩的神奇世界，幸运的话，更可以看到鲸鲨、蝠鲼、座头鲸以及其他海洋生物，感受缤纷的海洋世界。

宁格鲁礁有 500 多种鱼类，鲸鲨、海龟、蝠鲼和儒艮，一年四季都可以观赏到。

宁格鲁礁的萨格萨里斯是豪华露营地，被《孤独星球》评为 2017 年世界最佳住宿榜的第四位。这里和宁格鲁海岸边的沙丘相拥，距离海滩边的珊瑚礁仅数步之遥。

有历史的潜水胜地

菲欣纳国家公园

菲欣纳国家公园内有粉红色的花岗岩山，洁白的沙滩，以及因海风吹积而成的沙丘和干燥的桉树林，这里是划船、游泳和潜水的绝佳地点。

菲欣纳国家公园位于澳大利亚的塔斯马尼亚东海岸，公园占地17 000公顷，位于海岸线上。公园内有粉红色的花岗岩山，洁白的沙滩，海岸上因海风吹积而成的沙丘和干燥的桉树林。海底有各种珊瑚和鱼类，这里比较有名的两个潜水点是酒杯湾和大蚝湾。

▲ [酒杯湾]

这里曾是塔斯马尼亚岛的捕鲸之地，捕鲸者将海上射猎的鲸拖入港湾进行屠杀，鲸血染红了整个海湾，犹如酒杯中的红酒一般，因此得名。这里的渔民早已不再捕杀鲸，如今酒杯湾的海水也不再被染红。

酒杯湾

菲欣纳国家公园因酒杯湾而闻名，而酒杯湾只是这里众多银色沙滩中的一个。

远眺那一抹绵延雪白的沙湾，宛若酒杯沿上的泡沫，由此得名酒杯湾并名扬天下。

酒杯湾是塔斯马尼亚岛上最受游客和当地人欢迎的度假胜地之一，海湾的白色沙滩和蓝绿色海洋的完美曲线构成令人难忘的画面。

1999年美国旅游杂志《Outside》投选酒杯湾为世界十大海滩之一，评论如此描述：“沙滩与塔斯曼海形成轮廓分明的半月形状，犹如‘祝君愉快’扣针纽上的笑脸一般。我独处在这海天一色的辽阔天地，感受自然景观的旷野、宁静和伟大……”

大蚝湾

在酒杯湾边上的大蚝湾，是游泳、潜水、橡皮艇、划船和钓鱼爱好者的天堂。

成为欧洲殖民地以前，大蚝湾和大

▲ [酒杯湾－晚霞]

河原住民部落会在天气比较凉爽的时候，进行一年一度的长途跋涉，寻找海产食物和天鹅蛋。19 世纪早期，欧洲殖民者到达此地，捕海豹者、捕鲸者、矿工和农民成了这片土地的开发者。

▲ [大蚝湾生蚝]

大蚝湾，看名字就知道这里盛产生蚝，在这里潜水可以在水下采到生蚝，等上岸后可以来个生蚝大餐。

童话小城

霍巴特

波光粼粼的海水、白色绵延的海滩、各种各样的热带海洋生物、镶嵌了蓝宝石般晶莹透亮的海水等一系列如梦如幻的海景，使霍巴特这座神奇的港城成为无与伦比的度假天堂。

霍巴特是澳大利亚塔斯马尼亚州的首府，位于塔斯马尼亚岛东南部德温特河河口，面积约100平方千米。霍巴特始建于1803年，是澳大利亚仅次于悉尼的第二个古老的城市。

1642年，荷兰人塔斯曼远航南太平洋探险，首先发现了这个小岛，并在西南东海岸巡回过，后来还曾有个航海家到过这个小岛，但都没有占领的意图。直到1802年英国海军上尉鲍温在小岛的东南角登陆，第二年宣布小岛为英国殖民地。为了纪念当时的行政长官罗伯特·霍巴特，于1825年将其命名为霍巴特，1855年又将这个岛命名为塔斯马尼亚岛。

霍巴特有着青山绿水，碧波蓝天，景色宜人，暖色的砂岩与水上鲜亮的大三角帆船相映生辉，渔民的撑船静静地停靠在码头，升降索在桅杆上发出清脆的拍打声，游客可以坐在霍巴特的条状阳伞下品咖啡，或者跳入水中，游泳或者潜入水下和水底生物玩耍。

▲ [海港一角]

最靠近天堂的地方

塔希提岛

塔希提岛是法属波利尼西亚向风群岛中最大的岛屿，这里四季温暖如春，居民称自己为“上帝的人”，外国人则认为这里是“最接近天堂的地方”。

塔希提岛是南太平洋上的波利尼西亚向风群岛118个岛中最大的岛，是波利尼西亚的政治经济中心，总面积约1000平方千米，形状从空中鸟瞰似尾鱼，鱼头鱼身被称为“大塔希提”(Tahiti Nui)，鱼尾叫“小塔希堤”（Tahiti Iti）。

18世纪中叶时曾出现一个统一国家，

▲［高更在1891年的留影］

◀［塔希提女人（高更，1892）］

法国艺术家高更在晚年到南太平洋塔希提群岛生活，留下了大量描绘当地景观、人物的画作。

▲ [蝠鲼]

蝠鲼是一种生活在热带和亚热带海域底层的软骨鱼类，被当地人称为“水下魔鬼”，但实际上蝠鲼是一种非常温和的动物。它们主要以浮游生物和小鱼为食，经常在珊瑚礁附近巡游觅食。

◀ [塔希提水上草屋]

从1842年起受法国殖民统治，1958年成为法国海外领地，官方语言为法语。

最接近天堂的地方

20世纪60年代，美国影片《布恩蒂船长的反抗者》向全世界展示了塔希提岛的美妙景色后，大批游客狂潮似的涌向塔希提岛，从此，塔希提岛成了冒险和消遣的代名词。居民称自己为“上帝的人”，外国人则认为这里是“最接近天堂的地方”。

岛上有很多海滩，有一系列的水上活动

塔希提岛上有很多海滩，适于潜水、游泳、泛舟和休息。在这里游客还可以乘坐玻璃底的游艇，观赏海底的珊瑚礁和珍奇鱼群。

在塔希提岛上有着一系列的水上活动，如潜水、帆船、水上摩托车、冲浪、滑板、游泳。还有冒险活动：四轮驱动野外之旅、滑翔翼、海钓、喂鲨鱼和魟鱼、直升机之旅、健行和登山等。

飞瀑从峭壁上泻下

塔希提岛的中部悬崖陡峭，峡谷幽深，海拔2237米的奥雷黑纳山在岛上拔地而起，飞瀑从峭壁上泻下，几条小溪从山上蜿蜒流下，分成几路注入太平洋。在阳光的照射下熠熠闪光，别有风味。

来过塔希提岛的知名人士有很多：英国航海家瓦利斯，法国航海家布甘维尔，英国库克船长、文学家梅尔维尔、史蒂文森、杰克·伦敦和画家高更等。

海瓦节

塔希提岛上最重要的日子要数海瓦节了，这个节日是为了庆祝波利尼西亚获得领地自治。节日的这几天，全岛每个人都会穿上节日的盛装，参加各种欢庆活动，在节日活动中，还会举行塔希提岛最重要的古老仪式之一——包皮环切术，庆祝未来的国王进入成年礼。

塔希提岛红嘴秧鸡，又名塔希提秧鸡，是一种已灭绝的秧鸡。它们曾在塔希提出没，1773年詹姆斯·库克在第二次旅程中就捕获了一只，不过这个标本的去向不明。塔希提岛红嘴秧鸡不能飞行，有可能是由黄领秧鸡衍生而来。

▲ [海底漫游]

孤独星球

波拉波拉岛

波拉波拉岛有着温暖的海水和浅滩海礁，适于初级潜水者潜水，同时，潜水技术好的人可以进行花式潜泳或者深潜入海，观赏不一样的海底世界。

波拉波拉岛隶属于波利尼西亚群岛，享有“孤独星球”的美誉，陆地面积为38平方千米。

这里有波光粼粼的绿色潟湖、白色绵延的海滩、梦幻般的环境，是无与伦比的度假天堂，当然除了阳光、沙滩，这里还有很多好玩的地方。

波拉波拉岛壮观的潟湖就好像是杜松子酒一般清澈见底，又如阳光般温暖，里面有各种各样的热带海洋生物，从成群的蝴蝶鱼、鹦嘴鱼到蝠鲼及彩色的珊瑚，种类异常丰富。在这里可以喂养海龟，和它们一起在水下遨游，有机会的话还可以喂养鲨鱼，并与黑鳍礁鲨和黄貂鱼近距离接触。

在这里可以出海活动或潜入潟湖，探寻海底世界的魅力。

潜入潟湖时，可以和魔鬼鱼、成群的梭鱼、金枪鱼一起共舞，这是一种无法形容的体验。这里还有世界上难得一见的红脚鸟、冠状燕鸥和蓝色、灰色燕鸥，引得世界各地摄影爱好者慕名而来。

▼ [波拉波拉岛水上木屋]

波拉波拉岛的海滩浅水处和世界上类似的景点一样建有小木屋，不过波拉波拉岛的小木屋更加豪华，也更接近海洋深处。

▲ [魔鬼鱼]

给人惊喜的海底世界

大洋柱石

在这片海域中，水螅珊瑚和海藻林是其特色，当地水温为 7 ～ 13℃，是冷水潜水胜地，缺少冷水潜水经验的潜水员应考虑雇用一名潜导陪同。

大洋柱石是加利福尼亚卡梅尔湾的一流潜水地之一。它由一系列水下山脉组成，距蒙特利半岛约 1200 米。水下岩礁从超过 30 米深的海底升起，上面长出了茂盛的海藻林，海藻林也是这一海域的标志。

在海水中，太阳光束从海藻林间穿过，好像漂浮在宏伟的大教堂里。在这个丰富多彩的海底世界中，有成千上万的蓝平鲉在海藻中盘旋游动。而在海平

▲ [惊涛骇浪]

面上，可以看到海狮、翻车鱼，甚至大青鲨。

大洋柱石海域的海水清澈，能见度为 25 米，最大下潜深度为 30 米。该处气候多样，夏秋两季是潜水的最佳季节，该海域水强度适中，适于有经验的潜水者进行活动。

岩脊

大洋柱石海域内有一处岩脊，位于海底伸出的一根柱状礁石的西边，而这根石柱顶端距海面还不到 4 米，这里海水不到 13℃，在这里潜游可以看到数不清的水母，因为这里是水母的栖息地。最小的水母只有大拇指一般大，大的水母直径可达到 0.3 米，它们拖着绳索般长长的触须，随着水流四周活跃、跳动、环绕着。

珊瑚礁

潜入海底 15 米，就可以看到沿着水下峡谷的岩壁上，密密麻麻地长满了鲜艳的水螅珊瑚类等海洋生物体，还有寄居蟹、圈壳螺、蛇尾星和杜父鱼等。

水道

继续深潜到 25 米处，就是沙质的水道和裸露的岩石，在岩石上覆盖着各种水螅珊瑚。在这个深度潜水，可以看到长达 1 米的蛇鳕、巨大的海星，这里还有丰富的杯状珊瑚、毛掸虫、玫瑰海葵和珊瑚藻。

卡梅尔小镇早期的居民 60% 是专业艺术家，早在 100 年前，“艺术家、诗人和作家的卡梅尔”已经名闻遐迩。我国著名的国画大师张大千曾居住在此，并将居所称为“可以居”。

◀ [海湾一角]

色彩斑斓的海底珊瑚礁

圣卡塔利娜岛

圣卡塔利娜岛海域分布有众多独特的珊瑚和珊瑚礁，在海底还有硬珊瑚礁群体，是一个不错的适合潜水的地方。

圣卡塔利娜岛位于岸外35千米处，是加利福尼亚州星罗棋布的沿海岛屿上一颗最灿烂的明珠。艾维隆是岛上唯一的城市。

▲ [圣卡塔利娜岛]

这是圣卡塔利娜岛的一个小海湾，风平浪静，是浮潜和划皮划艇的好地方。

艾维隆面积只有1.6平方千米，很多地方走路就可以到。目前大约只有300位居民，这里还是加利福尼亚州境内唯一一个控制机动车大小和数量的城市。目前想要在这里拥有一辆汽车，需要等14年以上，所以岛上的居民大多用电动车作为交通工具。

租赁皮划艇和站式冲浪板（提供教学和导游），可以出海观看海豚、海豹、海狮，幸运的话还能看到当地的飞鱼。

圣卡塔利娜岛因地处火山沿岸，海底温度比海平面温度要高，为珊瑚的生长提供了舒适的环境，水下分布有众多奇特的珊瑚和珊瑚礁，在海底还分布有硬珊瑚礁群体，为海底生物提供了安全、舒适的生活环境。

圣卡塔利娜岛上有植物园，在岛附近可以观看到海豚或者鲸，岛上有海豹栖息地和水下公园等。还有一些体育活动，像划皮划艇、潜水等。

圣卡塔利娜岛的海域中有陡峭大海墙，同时还有漂亮珊瑚形成的海底峡湾，海洋生物极其丰富，鱼类和甲壳类品种繁多，有沙丁鱼、金枪鱼、石斑鱼、挽鱼、金线鱼、墨鱼、带鱼等。此外，还有满海的“小飞鱼”，就像流星落入海面。夜间在此处潜水，还可以看到海狮们慵懒地躺在海平面上仰泳的画面。

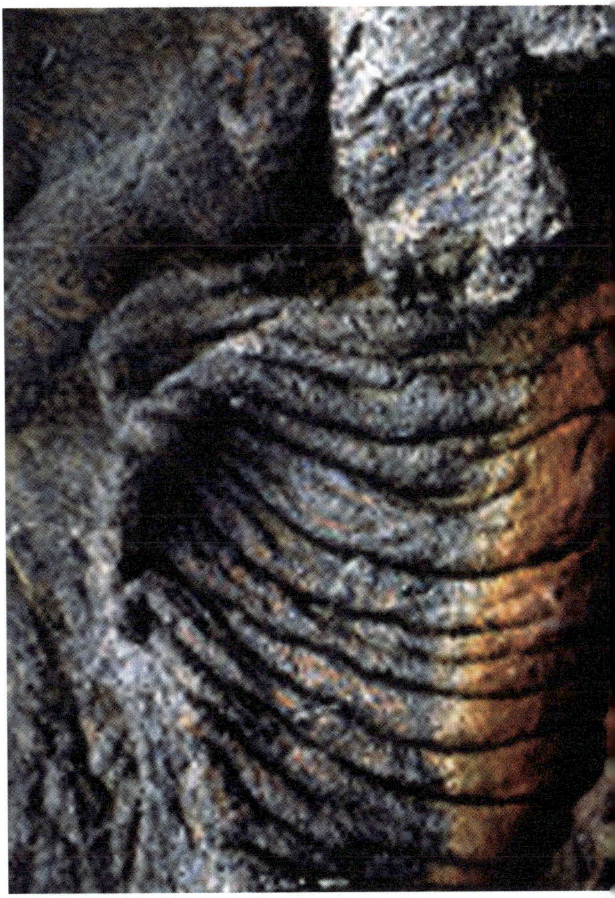

▲［火山岩］

圣卡塔利娜岛是一座私人小岛，不接受旅行团，想要去那里必须自助游才行。

与动物的零距离接触

伊莎贝拉岛

这里各种海鸟在天上逡巡，赤道企鹅在水中玩耍，海狮放肆地横躺在海滩、栈桥下停泊着的小船上，象龟们犹如一个个大石墩缓缓行动，蜥蜴们在海滩上任意溜达，在火山石丛下的海湾里还有鲨鱼在休憩，螃蟹们忙着吐泡泡。洁白细腻的沙滩诱惑你去冲浪，清澈海水深处的黑色礁石湾，诱惑你浮潜在美丽的水下世界。

伊莎贝拉岛是南美洲国家厄瓜多尔的一座岛屿，位于太平洋东岸海域，伊莎贝拉岛最高点海拔高度为1707米，是加拉帕戈斯群岛中面积最大的一座岛屿。

其岛名源自西班牙女王伊莎贝拉一世，在英文中又常根据阿博马尔公爵之名将其称为阿博马尔岛。

岛上有独一无二的不会飞的鸬鹚和

1998年9月，伊莎贝拉岛火山爆发，流淌的岩浆进入象龟的栖息处，厄瓜多尔政府遂出动直升机救援，成为当时的热门新闻。这里的火山不高，但面积很大，一座海拔不过千米的火山，直径能达20千米。该群岛处于三大洋流的交汇处，各种生物在这里融合与进化，是海洋物种的“大熔炉”。

▶ [加拉帕戈斯企鹅]

加拉帕戈斯企鹅是体型最小的企鹅之一。它们是唯一涉足北半球的企鹅，比任何企鹅生活的地方都要更北。90%的加拉帕戈斯企鹅住在加拉帕戈斯群岛的伊莎贝拉岛和费南蒂娜岛上，在圣地亚哥、巴托罗梅岛、圣克鲁斯省北部及佛罗里那岛也有分布。

◀ ［在浅沟休息的鲨鱼］

伊莎贝拉岛下午六点左右，所有的鲨鱼便游向大海开始觅食，为了安全，岛上规定下午六点以后禁止游客游泳或浮潜。

加拉帕戈斯企鹅，后者是世界上唯一一种栖息于赤道附近的企鹅。

伊莎贝拉岛虽然地处赤道，但是由于受到寒冷的秘鲁洋流影响，海水和陆地气温都不高。岛上年平均气温为25℃，降水量也不大。

伊莎贝拉岛上有多处火山口形成的天然湖泊，犹如镶嵌在火山顶峰的碧玉，晶莹闪亮。此外崎岖不平的地表堆满了暗红色的火山喷发物。

伊莎贝拉岛不失为一处潜水胜地，在这片清澈无比的海域中潜水，可以看到各种各样的海洋生物。

▲ ［蓝脚鲣鸟］

这种独特的鸟走路是标准的八字步，看着有点呆萌，最引人注目的是它们长着一对蓝色的大脚。

◀ ［加拉帕戈斯象龟］

加拉帕戈斯象龟是一种陆龟科、象龟属类生物，体长1.2米，雄性体重达51～320千克，为现存最大的龟类，寿命可达200年，分布于南美加拉帕戈斯群岛的伊莎贝拉岛上的塞罗·阿苏尔火山山麓。

沉船潜水的最佳选择地

楚克岛

楚克沉船区拥有世界上最壮观的海底沉船奇景，在这里潜水是一次让人毛骨悚然的水下探险体验。

楚克岛位于加罗林群岛中部，马绍尔群岛西南，所罗门群岛以北，属于密克罗尼西亚联邦，这里曾是第二次世界大战期间日军在太平洋上的最重要的海空基地。1944年，美国发起“冰雹行动”，连续三天炮击驻扎在这里的日本军队，被称为“日版珍珠港”。那次袭击歼灭的60艘舰艇和275架飞机全部沉入特鲁

“楚克”在马来语中的意思是“云中之山”。与其他的珊瑚岛有所不同，楚克岛是整个楚克群岛中最大的一个，该岛形状呈三角形，中间有一个礁湖，是舰船停泊的天然之地，它不仅是加罗林群岛的心脏，也是日本在太平洋战争期间最重要的海空基地，被誉为“太平洋上的直布罗陀”和“日本的珍珠港”。

▲［探索沉船］

▲［山雾丸沉船内的装备］
舱内的炮弹已经锈迹斑斑。

克瀉湖底部，成就了今天世界上最大的沉船墓地。大部分的沉船残骸近 25 年无人敢靠近，因为人们担心数千颗沉没的炸弹会被引爆。

潜水爱好者在这个鲨鱼出没的太平洋水域可以体会无比清凉的海水，而在楚克沉船区潜水，则是一次令人毛骨悚然的水下探险活动。这个潜水天堂的许多沉船都载满了货物，如战斗机、坦克、推土机、铁路汽车、摩托车、鱼雷、地雷、

楚克沉船区绝不会让你失望而归，这里是世界上数量最多最集中的沉船区。到楚克潜水即使不夜潜也不要忘了带水中照明灯，这会在沉船区潜水时更富乐趣。

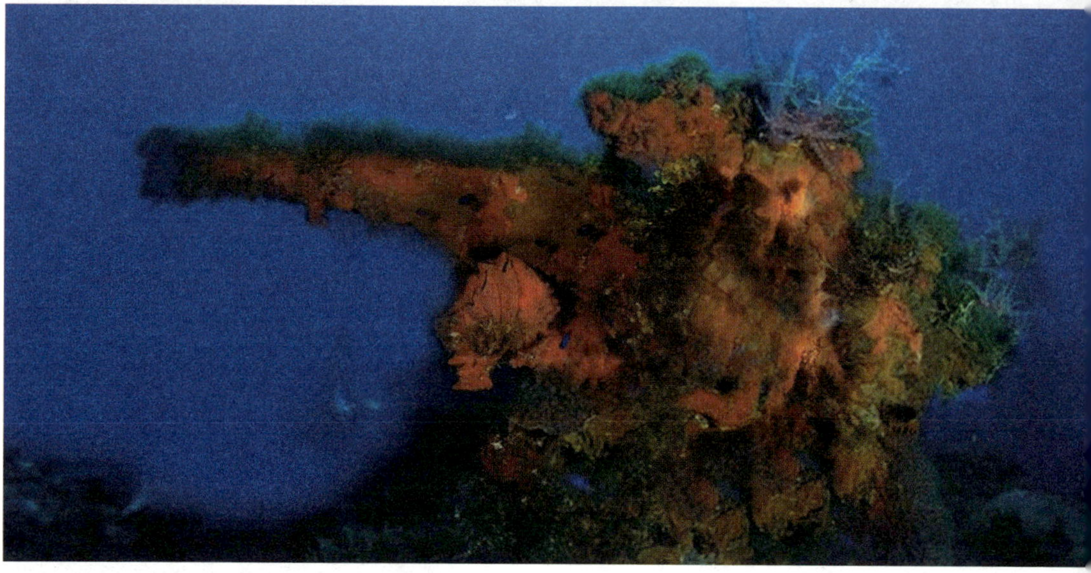

▲ [特鲁克潟湖船顶部的机枪]
顶部的机枪已经长满了美丽的珊瑚。

炸弹、弹药，还有收音机、数千种武器和人类遗骸等。在那场战役中死亡人数达3000以上，有一些潜水员甚至说楚克沉船区有鬼魂出没。

山雾丸（Yamagiri Maru）

这艘船在战斗中沉没后，不到一分钟的时间里，12名船员相继失去了生命。发电机修理工被嵌在他工作区附近的一个舱壁里，后来潜水员发现了他的手骨，其头骨都融化到了金属里。

神国丸（Shinkoku Maru）

神国丸是燃料补给舰，其操作表和燃料瓶现在依然可见。

通常，潜水者可以看到残骸表面的物体，而只有那些更谨慎的探险家才可以看到深处的文物。据说有人在楚克沉船区发现了一个满是瓶子和瓷器碗的财宝箱，一些仍然完好无损。

富士川丸（Fujikawa Maru）

富士川丸的残骸几乎是完全直立的，成为潟湖最迷人的探索地点之一。潜水员可以进入船上的货舱看到储存在这里的日本零式战斗机在遭到攻击之前的样子。

沉船上色彩鲜艳的软珊瑚和亮蓝色鸟尾冬鱼已经成了一道道亮丽的风景，这些残骸已经成为一个人造礁石，是狩猎者的乐园，里面有蝙蝠鱼、多样化的海葵、珊瑚。另外，斑马鲨鱼也经常出现在残骸的周边海域。

展示自然的魅力

龙目岛

龙目岛的景色丝毫不逊色于巴厘岛，这里不但有湛蓝宁静的海水，雄壮的活火山，美丽的热带鱼，更有如天籁般动听的音乐、巧夺天工的手工艺品和古朴的建筑物。无论是潜入深海里，还是行走在陆地上，都能感受到开阔的视野，离奇的美景；呼吸到纯净的空气，体味到出世的安宁平和。

太平洋

龙目岛是一个位于印度尼西亚境内西努沙登加拉省的著名潜水岛屿，是小巽他群岛之一。

龙目岛西隔龙目海峡面对巴厘岛，东隔阿拉斯海峡面对松巴哇岛，北濒爪哇海，南临印度洋。这里拥有清澈碧蓝的海水、雄壮的林加尼活火山和独特的萨萨克族传统风俗文化。地处热带季风气候带，受季风气候影响明显，每年 4 月到 12 月是旅游的最佳季节。

▲ [林加尼火山]

林加尼火山入口处是繁茂的森林，只有一条崎岖的小山路可以通达火山口，在入口处，常常会有一些零散的当地人在这里，专门帮助那些登山客背负沉重的行李，不过这是需要付费的。

淳朴的民风

龙目岛上的居民大多以马来血统的萨萨克人为主，他们长期居住此地，龙目人和气但不羞涩，淳朴的民风让龙目岛增添一份谜一般的神秘感。

用一个游遍印度尼西亚的女作家的话：“龙目人的眼神含蓄，不如爪哇人张狂以及巴厘人的浮华。在这里，空间突然变大了，光线薄又透明，造成一种非常纯净的感受。”

“龙目”在印度尼西亚文中是“辣椒”的意思。龙目岛位于巴厘岛的旁边，也许是巴厘岛的光芒实在是太强烈了，掩盖了整个龙目岛，以至于很多到过巴厘岛旅游的人都不知道龙目岛。

小巽他群岛是东南亚巽他群岛的一部分。亦称“努沙登加拉群岛”。位于爪哇岛以东的印度洋和帝汶海之间，与爪哇岛、苏门答腊岛和加里曼丹岛等组成的大巽他群岛相对。群岛中的巴厘岛是著名的旅游区。

▲ [龙目岛海滩]
海边礁石、清澈而碧绿的海水和远处白色的龙目海滩。

林加尼火山

龙目岛中央是壮观的林加尼火山，这座火山高达3726米，是印尼最高的山峰之一。每年吸引无数登山者向火山口攀爬，一睹600米以下的壮丽湖泊。此处河流短小，都不通航。沿岸到处峭壁陡立，东、西岸有小海湾，是良好锚地。

龙目岛附近有三个岛

在龙目岛附近有三个岛，分别是GiliAir、GiliMeno、GiliTrawangan（Gili是岛的意思）。三者简称为ATM，GiliTrawangan最喧闹，GiliMeno最安静，而GiliAir（空气岛）距龙目岛最近，有安静的沙滩，也能享受多元的美食和住宿。Gili群岛是国际知名的潜水胜地，附近海域干净，海洋生态丰富，经常能看到海龟，幸运的话还能遇到旅行至此的鲸鲨。

龙目海峡

龙目海峡深逾1100米，位于巴厘岛和龙目岛之间，此地出现了生物种的混杂现象。龙目岛已成为过渡地带的开始，

◀ [龙目岛的猴子]

这里的猴子憨憨的，一点都不害怕人，它们会在游客的不远处，观察着他们的一举一动，以期游客能给块巧克力或者别的食物。

在该岛亚洲生物正逐渐被澳大利亚生物所取代。代表性植物有大棕榈树，而动物则有猴子、鹿、野猪、大绿鸽、8种翠鸟、地栖鸫、草绿色鸽、红及黑色的小啄花鸟、大的黑杜鹃鸟、王鸦、金色黄鹂及美丽的热带林鹬。

也许是巴厘岛的名气实在是太大了，掩盖了龙目岛的光芒，所以当地的游客较少，自然环境保持得很好，离岸不远的地方就可以看到漂亮的珊瑚礁和美丽的热带鱼。当地人爱说龙目岛是20年前的巴厘岛，很多巴厘岛上难得一见的质朴景象，都可以在龙目岛上觅得踪影。

▲ [龙目岛美丽的海水]

海水清澈透底，从近到远，海水从透明转到浅绿，再转为浅蓝，最后变为深蓝，和蓝天融为一体。平静的海面上常有一些游客在划独木舟，玩浮潜是最佳选择，也可以与海龟一起嬉戏。

潜水者的乐园

图兰奔

图兰奔海域的景色每天都有所不同，会根据可见度、天气等状况发生丰富的变化，令人目不暇接。

图兰奔是巴厘岛东北的一个海边小镇，隶属于印度尼西亚，这里没有银行，没有像样的咖啡馆和酒吧，甚至它的海边都没有很好的沙滩，这里的海湾遍布拳头大小的石头，步行都很困难。但是，这里却是潜水者的乐园，被称赞为全世界最美的50个潜水胜地之一。

这片海域水下生物丰富，而且水下有很多可以探寻的地方，潜水环境也非常好。

“自由”号沉船残骸

这片海域中有一艘名为“自由”号的第二次世界大战沉船残骸，这是艘美国货船，原本停留在岸边，1963年，因为阿贡火山爆发引发的地震，把“自由”

▲［“自由”号残骸］

▲ [沙虫]

很多沙虫从海底钻出来，一根根密密麻麻竖立着，随着海浪摇摆。

号送进了海里。这艘船如今离岸边只有40米，在这艘沉船残骸中约有400种鱼类以此为家，其中包括鲨鱼、龙头鹦哥、巨型石斑鱼等。

丛林瀑布

在图兰奔附近的丛林中，有很多不知名的隐藏在丛林中的瀑布，其中最出名的就是Lemukih瀑布，这里的瀑布没有飞流直下三千尺的壮阔，但如绸缎般悬挂在山间，环绕着彩虹与绿树，给人平静祥和的感觉。在瀑布潭中深潜或者浮潜也是一种不错的享受。

来图兰奔，一定要潜水！在这里潜水，甚至都不需要出海，直接从岸上出发就可以下潜。这里的海水水流平缓，水质清澈，能见度很高。

▲ [螃蟹船灯光]

夜幕降临，螃蟹船的灯火映衬海中，随着海浪起伏一闪一闪，让人分不清是天上的星光，还是海中的灯光。

弹丸之地的美

弹丸礁

弹丸礁有银白沙滩，有郁郁葱葱的灌木丛，是潜水者最向往的潜水热点之一。

▲ [弹丸礁]

飞机上俯拍，白云空隙中显露出来的弹丸礁，被清澈的海水环抱。

弹丸礁也称为燕子岛，是南沙群岛70余个珊瑚环礁中的一个小型“封闭环礁”，是中国固有领土，弹丸礁在南沙群岛中南部，在光星礁南12海里处。如今被马来西亚政府非法侵占，称为拉央拉央岛，渔民俗称石公厘。弹丸礁为一完整环礁。环礁水面面积约10平方千米。其东侧有数块海拔1.5 ~ 3.0米的较高珊瑚礁。礁盘的末端是延伸入海2000米的陡峭悬壁，是排名世界前10名的优质潜水地。

弹丸礁边缘一个个竖立的礁石如石人像（石公），围成篱笆状，故名石公篱，又因“篱”与“厘”音同，被渔民称为石公厘。

从北方陆地南来避暑的海鸥、燕子在这里成群结队栖息，而沿岸海底也是

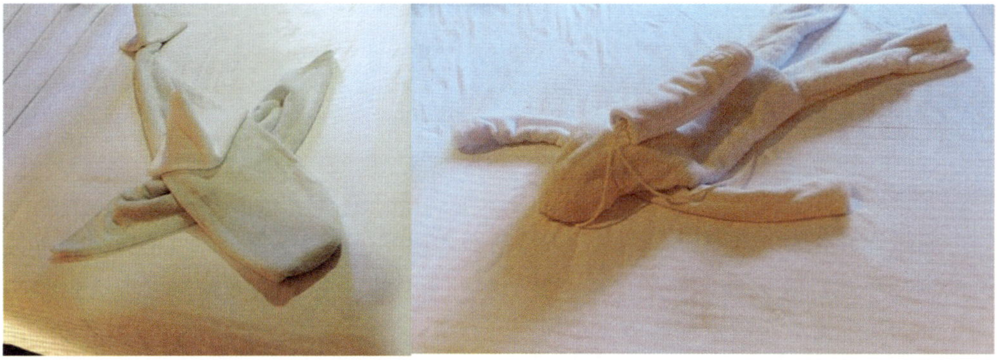

▲［这里的酒店床单］

这里的酒店处处都有海洋的气息。

各类鲨鱼嬉游的天堂。每年 3—10 月，成千上万的候鸟群集在人工岛西端，或漫空翱翔，或齐聚环湖礁上，构成一道奇观。每天傍晚 5 点到 7 点是观鸟的最佳时段，可以仔细观赏鸟群喂哺幼雏及在海面上猎食的情景。

弹丸礁位于赤道附近，属于赤道气候。由于大雨，每年的 11 月到第二年 1 月会对游客封闭。

马来西亚不仅在弹丸礁建立了海军基地，还大力开发旅游业。在弹丸礁上建有豪华酒店和机场、淡水游泳池、潜水服务中心，是东南亚潜水者最向往的地点之一。

对于世界潜水爱好者来说，这里是一个空前的、没有过先例的潜水点，与其他潜水地相比，它绝对与外界隔离，有处女地海床、大型水生物及很少的游客。

▲［弹丸礁漂亮的海底珊瑚］

到弹丸礁潜水的大多数都是由潜水俱乐部或爱好者组团，这里不接待初学者。

东部海上乐园

绿岛

巍峨奇岩巨石、陡峭台地海岸、洁净的白色沙滩、翠绿草原、独特的海底温泉、嶙峋珊瑚礁裙、绮丽海底世界以及丰盛的植物等优渥条件，使得绿岛这个遗世独立的小岛，摇身变成台湾东部的海上乐园。

绿岛旧称“鸡心屿”“鹿岛”“青仔屿”“火烧岛”，是个山丘纵横的火山岛，最高点为火烧山，位于台湾台东县东面的海面上，属于太平洋暖流区域带，面积16.2平方千米，仅次于澎湖、兰屿和渔翁岛，为我国台湾省第四大岛。

岛上有南寮湾、绿岛灯塔、绿岛公园、绿岛温泉、龟湾、楼门岩、将军岩、观

传说百余年前，渔舟归航时，远望这座被夕阳染红的岛屿好像一副火烧岛的景象，于是得名火烧岛。

由于岛上气候温和，阳光普照，到处一片绿色，充满了自然美的情调，故称绿岛。

岛上饲养有梅花鹿400多头，所以又有“鹿岛”之称。

▼ [绿岛风景]

▲ [鱼戏珊瑚间]

音洞等“绿岛八景”和袖子湖、海参坪、海岸木林、马蹄桥、龙虾洞、乌鬼洞等，被一条长约 20 千米平坦的水泥环岛公路连接在一起。

绿岛的四周被裙状珊瑚礁围绕，火山岩长年受强烈的海蚀，因而形成了许多天然奇观，不但景致宜人，且充满了神话的传奇。海岸线火山礁岩与白色贝壳沙滩相间罗列，海水一片湛蓝，展现十足的海洋情调，除了成群的鱼类游来游去，还有海百合、海星、海牛、旋牛和管虫穿梭其中，奇幻海景，瑰丽多姿。

绿岛美丽的海底世界是潜水爱好者的天堂，石朗、中寮、柴口、柚子湖、大白沙、公馆外湾、柚子湖、海参坪以及龟湾等地，都是理想的潜水地点。特别是石朗、柴口、大白沙等地设有栈道式的潜水步道，以保护珊瑚。

除了潜水以外，如果想亲近海底风光，还可乘坐潜水艇及玻璃底船。玻璃船底由一块块玻璃构成，透过玻璃便可轻松地欣赏海底景观。

▲ [海牛]

海牛还有一个更文艺的名字：儒艮。“南海有鲛人，身为鱼形，出没海上，能纺会织，哭时落泪”。这是南朝时古人在《述异记》中对儒艮的记载。儒艮长期生活在海沟之中，以海沟上淹没在海水下的海草为食，每隔半个小时左右就要出水换气，通常像人类一样怀抱小儒艮喂奶。有人传说，儒艮出海时头上偶尔会披海草，所以被人们描绘为“头披长发的美女”。

绿岛的潜水活动大致分为三种：

一是近海浮潜，不需要执照，人人都可参与；

二是背负氧气装置，以船只接驳至较深的海域进行深潜，但需有潜水执照才行；

三是船拖浮潜，利用船只将人拖至较深的海域，再进行一般的浮潜，可看到更多的海洋奇观。

七色海之美

塞班岛

塞班岛有湛蓝的海水和细白的沙滩，盛产椰子、甘蔗、香蕉等作物，这里也是潜水爱好者的天堂，有20余处潜水点分布在海岸线上。

塞班岛是美属北马里亚纳联邦的首府，是北马里亚纳群岛中面积最大的岛，位于关岛北方200千米处，菲律宾海与太平洋之间，西南面临菲律宾海，东北面临太平洋。塞班岛由于近临赤道，一年四季如夏，风景秀美，是著名的旅游休养胜地。

塞班岛大蓝洞位于塞班的东北角，是一个与太平洋相连的天然洞穴，被《潜水人》杂志评为世界第二的洞穴潜水点。蓝洞外观看起来像张开嘴的海豚，内部是一个巨大的钟乳洞。由于岩石的阴影投射吸引了很多水下生物，有各式各样五颜六色的热带鱼、海龟、魔鬼鱼、海豚、水母、海胆等，甚至比海底世界还要精彩斑斓。蓝洞里有两个天然的游泳场，通过海底通道连接外部海洋。

日军最后司令部遗址位于塞班岛北端。第二次世界大战时日军的司令部就在山崖下方的洞穴中。这里有“二战”时遗留下的坦克、大炮等战争遗留物和自然石灰岩所形成的战争要塞。

▲［塞班岛大蓝洞（一）］

▲［塞班岛大蓝洞（二）］

▲ [塞班岛日军最后司令部遗址]

◀ [军舰岛]

据说第二次世界大战期间，美军在空中轰炸塞班岛时，将这个周长仅1.5千米的小岛误认为是一艘军舰，进行一阵猛烈轰炸，后来才发现是一座岛屿，从此就将其命名为军舰岛。

◀ [军舰岛海底沉船]

军舰岛是观赏沉船及坠落飞机的代表性潜点，这艘沉船长约40米，船身周围尽是彩色软珊瑚，窗口舱门全被软珊瑚覆盖，蝶鱼、粗皮鲷、雀鲷穿梭其间，美不胜收。

原始与野性交织的美丽小岛

美人鱼岛

清澈见底的海水、蔚蓝无云的天空、绵软精细的白沙，还有千金难买的宁静，以及随之而来的清尘脱俗、超然世外的独特气质，令人对美人鱼岛一见倾心。

▲ [儒艮海滩]
进入美人鱼岛，第一眼就能看到一块很有个性的牌子上用英文写着儒艮海滩。

美人鱼岛实际名为曼塔那尼岛，位于哥打基那巴鲁郊区，是马来西亚沙巴州西北部正对着的一个原生态海岛，因附近海域曾经有两只野生的儒艮，也就是俗称的“美人鱼”而得名。

这个岛屿刚被开发出来时，被誉为“原始野性的美丽与宁静安和的时光”的完美结合。如今虽已成为马来西亚沙巴州最受游客欢迎的主要海岛之一，人们仍视之为“与世隔绝的避风港”。

美人鱼岛是一个私人岛屿，每天限制最多85个游客上岛，不接受团队游客。上岛还要看天气情况，即使报了名，如果当天天气状况不佳，岛主也有权不让你上岛。

与世隔绝的天堂

美人鱼岛不大，环岛一圈大概2.5千米，正如温柔美丽又带神秘的名字一样，这里有微波荡漾的碧绿海水、晶莹剔透的白沙滩、栈桥、几艘白色游船，几座简易的房子点缀着原本无人打扰的海岛，简直是个与世隔绝的天堂。

▲ [儒艮]

美人鱼岛孕育了多种多样的海洋生物，其中最知名的当属濒临灭绝的儒艮，由于儒艮经常半个身子露在水面上，抱着儒艮幼仔进行哺乳，因此人们将它们称之为“美人鱼”，小岛的名字也是由此而来。

▲ [蓝眼泪]

“蓝眼泪”是一种在海底生存的微生物，因为细小如沙粒，所以英文称为 blue sand。

美人鱼岛遍布高大茂盛的棕榈植物，有世界上少有的无污染海洋世界，聚集多种热带鱼和珊瑚礁，鱼群色彩斑斓，围绕海岛的海域是绝佳的钓鱼及深潜区。

岛屿周围的海域有良好的浮潜点，水下有很多不同种类的海洋生物，而且海水的能见度达 40 米，深潜一试，必将看到海底的另一番绝美风景。

神秘的沉船遗骸

这片海域曾经发现三艘第二次世界大战时沉没的船只，为潜水人士探秘的胜地。这些沉船遗骸，目前已成为孕育无数海洋生物及鱼类，尤其是狮子鱼、蝎鱼、乌贼、玻璃鱼与珊瑚的温床。

观鸟胜地

美人鱼岛还是马来西亚远近闻名的观鸟胜地，种类众多的鸟儿栖息在这个小岛上，是沙巴州唯一可观赏红角枭的地方，此外，在这里还可观赏到斑皇鸠、马来灰皇鸠、尼柯巴鸠、菲律宾昉雉、蓝颈鹦鹉和军舰鸟。

蓝眼泪

美人鱼岛有很多蓝眼泪，那是一种靠海水能量生存的微生物，离开海水的蓝眼泪只能够生存 100 秒，随着能量的消失，蓝眼泪的光芒失去，它的生命也就结束了。传说，如果晚上没有月亮出现就可以找到蓝眼泪。

浑然天成的海底之美

刁曼岛

刁曼岛的美，在于浑然天成，蓝、绿、白和谐自然，无论是老练的潜水客还是初试潜水乐趣的人，都会被其丰富绚丽的海底世界所迷惑。

▲［姆谷海滩］

姆谷位于刁曼岛南端，是一个美丽而隐蔽的小海湾，姆谷的海底到处是奇趣可爱的海底生物，缤纷多彩的石松大珊瑚、鹦鹉鱼、濑鱼、蝴蝶鱼以及调皮好动的海葵鱼，这些五颜六色的热带鱼群忙碌的穿梭在珊瑚群中。

刁曼岛位于马来半岛东南的南海上，以拥有丰富海洋资源、瑰丽美景享誉世界，这片海水清澈异常，肉眼就可透视到13米深的海底，也是知名的潜水天堂。

刁曼岛的居民不过2000人左右，陆上只有一条主要公路，仍保持纯朴原始的风貌，许多尚未开发的丛林，是形成刁曼岛之美的另一个重要原因。

▼ [瓜拉海滩]

瓜拉海滩位于刁曼岛东岸，比较偏僻，是刁曼岛所属海滩中最偏僻的一个，但是非常值得一去。这里是一片独立的世界，是刁曼岛上海岸唯一可住宿的地方。在这里可以夜潜，在深深的海底，感受夜的神秘。

▲ [刁曼岛海底生物：海蛇]

刁曼岛海岸曲折蜿蜒，岸边怪石峥嵘，金黄色的沙滩洁净柔软，海水清澈宁静。刁曼岛最吸引人的地方还是五彩缤纷的热带鱼海底世界，这也是刁曼岛被列为世界十大美丽岛屿之一的主要原因。

除了本岛外，观赏海底世界的最好的地方便是珊瑚岛。那儿有洁白的珊瑚海滩，挺拔翠绿的椰树，清澈见底的海水，近海有五颜六色的珊瑚和无数美丽的小鱼穿梭其间。游人站在水中，热带鱼穿梭于双脚之间，碰撞着人体，平添了很多情趣。

刁曼岛海水的透明度很高，可以用肉眼看到水深约100米的景物。由于不受季风的影响，海面平静无波，海水分外清澈，尼帕海滩、姆谷海滩及瓜拉海滩等地都是非常受欢迎的潜水地点。

除潜水之外，刁曼岛其他的水上活动也相当丰富，如风帆、水上摩托车、香蕉船、独木舟、冲浪、快艇等，都是喜水之人的最爱；陆上活动除了丛林探险之外，也可骑马奔驰于细白的沙滩上，或骑着单车闲逛于岛的四周，看看刁曼居民独特的高脚屋，体会他们单纯而快乐的生活方式。

[尼帕海滩]

这是一片充满诗意而且偏僻的海滩，十分特别，它由一条黑沙带穿过长长的白沙滩，在南端的河口形成了一个深蓝色、极为适合游泳的“洞”，这里非常适合初学潜水者浮潜，可以感受各种热带鱼在身边来回游动，时有鱼儿触碰皮肤的惊喜。

《美人鱼》的取景地

鹿咀

鹿咀海岸边的岩石下分布着数处精美幽静的小沙滩，是垂钓、拾贝的好地方。电影《美人鱼》中的许多海边景色镜头就是在这里取景的。

鹿咀是深圳大鹏半岛大亚湾畔的一处悬崖，地处半岛最东端，遥远的右前方就是东沙群岛。高山角伸入海中，蟹岩立于其上，最高处212米，是南澳观海、听涛、看日出的最佳所在。远远看去就像是头小鹿伫立于南海之滨，尤其是最上面的岩石，就像一个鹿嘴，鹿咀名字多半也是来源于此。

鹿咀海岸边的岩石下，清水荡漾，连接着幽深的山涧，两侧长满红树林，透过清亮的海水，可以看到奇形怪状的礁石和成群的鱼儿，是初潜的合适场所。

▲［鹿咀海滩］

海底花园

鬼湾

在落潮的时候去鬼湾深潜、浮潜，或者直接趴在船帮，都能一眼看到珊瑚礁、活体珊瑚、海葵、各种游鱼和贝类，海洋生物相当丰富。

鬼湾也叫鸳鸯湾，位于深圳大鹏半岛以南大小三门岛附近，此处有一大一小两个小岛，所以称其为鸳鸯湾，由于此处还是一个荒岛，无人居住，故而又被当地渔民叫作“鬼湾”。

鬼湾的海水非常特别，一半深蓝，一半浅蓝，刚好被小岛隔开，这里水深3～12米，由于环岛不受风浪影响，能见度可达10米，是初学者理想的下潜点，也非常适合浮潜。

鬼湾的珊瑚是深圳周边海域最漂亮的，海滩平缓向外，潜入1.5米深左右，就有了珊瑚群，这里有蘑菇珊瑚、鹿角珊瑚及许多软体珊瑚，而且许多活体珊瑚颜色非常鲜艳。不仅如此，还有海葵、小丑鱼和各种贝类，海洋生物相当丰富。鬼湾海浪不大，是潜水爱好者的天堂。

▲［鬼湾海滩］

▲ [潜入水中]

《私人订制》之美
蜈支洲岛

蜈支洲岛享有“中国第一潜水基地”的美誉，四周海域透明清澈，海水能见度为6～27米，是世界上为数不多的没有礁石或鹅卵石混杂的海岛，是国内最佳潜水基地。

蜈支洲岛坐落在三亚北部的海棠湾内，蜈支洲中的“蜈支”是一种罕见的海洋硬壳类爬行动物，因为岛的形状很像蜈支而得名。此岛距海岸线有2.7千米。蜈支洲岛是海南岛为数不多的有淡水资源以及生长着许多珍贵树种的小岛，如有被称为植物界中大熊猫的龙血树。并有许多难得一见的植物现象，如“共生”“寄生”“绞杀”等。

情人岛之名的由来

有人曾把蜈支洲岛称作中国的马尔代夫，更多的人把这里当做和情人逃离尘世后的天堂，因为它有一个更为浪漫和顺口的名字：“情人岛”。

蜈支洲岛地处三亚海棠湾，避开了台风走廊，所以不同于一般的北部小岛，该岛是天然的热带植物王国，树木苍翠青葱，能看到恐龙年代的龙血树。

▲ [蜈支洲岛标志建筑]

相传很久以前，一个年轻人在海上打鱼，被风打翻了船，漂到一座荒岛上。在岛上遇到了贪玩的龙女，两人日久生情，过着只羡鸳鸯不羡仙的生活。

龙女私订终身之事令龙王大怒，他把龙女囚禁起来。有一天，龙女乘机逃了出来，即将与打鱼人相拥的时刻，龙王将两人变成了两座大石头，千百年过去了，经历了潮起潮落洗礼的两座大石头，依然矗立在那里，静静相望，近在咫尺却远在天涯。后来，人们为了纪念这对痴情男女，把这里叫作“情人岛”。

▲ [蜈支洲岛上的情人桥]

蜈支洲岛潜水

蜈支洲岛四周海域毫无污染，海水清澈透明，最高能见度达 27 米，号称中国第一潜水基地。在这里潜水的最佳时间是下午 2—3 点之间，这个时候海水能见度最高，光线好，水下拍照的效果也最好。这里夜潜的感觉相比白天更特别，神秘的海在夜晚更显鬼魅神奇。

[蜈支洲岛]

蜈支洲岛上还有古迹妈祖庙，又名“海上涵三观”，如果住在岛上的话一定要记得去观日岩看日出，那里是海南观日的绝佳之地。

相传，三亚有一条河，由于上游山民刀耕火种，使植被遭到严重破坏，每逢山洪暴发，山上的泥石砂砾就倾泻而下，经藤桥河流入大海，将清澈湛蓝的海水弄得污浊不堪。海龙王遂将此事报告给玉皇大帝。于是，玉帝用手中神剑将距离此地七千米的琼南岭角之山岭截去一段，并命两头神牛前去堵住河口。谁知途中被一人发现，点破了天机，神牛不动了，化作两块巨石，山岭变成了岛屿。两块巨石人称姐妹石，岛屿得名古崎洲岛，也就是现在的蜈支洲岛。

[蜈支洲岛上的吉祥物]

台湾的天涯海角

垦丁

垦丁海岸生态环境相当丰富，礁石区的珊瑚礁岩较为平坦，浅水处有石珊瑚、软珊瑚、海百合、海绵等，深水处有海扇等生物分布，在礁石与沙地交接处常可以看到虹鱼等沙栖鱼类，是了解海洋生态的好去处。

▲［红柴坑潜点］

红柴坑渔港是恒春半岛上西海岸的一个小渔港，知名度很高，红柴坑附近的海底，是垦丁地区珊瑚礁海岸分布最广最集中的地方。

垦丁被称为是台湾的天涯海角。这里有鹅銮鼻公园、猫鼻头公园等，还有台湾八大景之一的“关山夕照”。

垦丁东临太平洋，西靠台湾海峡，属于热带气候，三面环海北依山峦，加上长达半年的落山风吹拂，形成了丰富多样的海洋生态环境。

海域内约有 290 种以上的石珊瑚，50 种以上的软珊瑚和柳珊瑚。此外，还拥有 1200 多种珊瑚礁鱼类、多种软壳动

物、甲壳动物、棘皮动物与刺胞动物。藻类至少有130种以上，分布在潮间带至水深50米处的海地。

垦丁的海水非常清澈，能见度在15～40米，只要不是台风天气，情况一般都不错。

垦丁海域潜点众多：

红柴坑潜点：是垦丁地区珊瑚礁海岸分布最广最集中的地区，许多资深的潜水客都会选择到此海域活动，因为这

▲［船帆石潜点］

是垦丁海边一座隆起的珊瑚礁岩，远望酷似一艘进港的船只，近看则像一个人的头部，世世代代屹立在海浪之间。

摩托车是台湾的主要交通工具，个头更小的电瓶车也更很容易找到停车位置。在不冷不热的天气，骑车游垦丁是非常舒适的。

▲［海底小鱼］

一带海底珊瑚种类多，海底景色也最美，不管是浮潜还是深潜，都需要较高技术。下潜深度约在13米以内，能够看到巨大的微孔珊瑚、三斑圆雀鲷、带尾新隆鱼、克式海葵鱼、赤尾鱼等。

船帆石潜点：巨型珊瑚礁岩，由于它远看似扬帆进港的船帆，因而得名（另有一说其像美国前总统尼克松的人头像）。石头上长满了野草、花卉与灌木，成为鸟群栖息的窝巢。此潜点水下有大量珊瑚和鱼类。

山海潜点：该地由5～6个大小不一的礁石组成，礁顶平台广阔，以石珊瑚居多。因火斑笛鲷群居而闻名，金花鲈鱼群也是礁洞的主角。

合界潜点：此处是AOW学习导航的潜点之一，也是水摄的好地方，有很多微距摄影的小东西。合界地形变化大，落差明显，形成多处大峡谷地形。在这里可以发现许多海蛞蝓、碟鱼、雀鲷、赤尾鲷、金花鲈。

独立礁潜点：以船潜方式为主的中级潜场。独立礁的珊瑚礁为峭壁地形，屹立在34米的海床上，拥有各种海扇、海鞭、软珊瑚与鱼类，种类相当丰富。南端附近随处可见金花鲈鱼群，再外潜，幸运时可以发现迷你的豆丁海马。

大、小咾咕断层潜点：以船潜方式为主的中级潜场，岩壁上可见许多像太阳花的圆管海星珊瑚，整群的软珊瑚生长在岩壁上。

潜水老手的玩水胜地

针头岩岛

如果你有足够的潜水经验，这个潜点是值得一去的，针头岩是汪洋大海中竖起的一块巨大的石峰，石峰由三块巨石组成，最高的石峰露出水面30多米，水底的巨石层层叠起，由水面延伸到水底40米，这里潜水最大的特色就是能观赏到众多鱼群，还有可能遇到鲸鲨。

针头岩岛，又被称为针尖岩、大青针，还有大星尖、星尖、大青砧、大星簪岩等名字。隶属我国惠州市惠东县，位于大亚湾东南偏南，香港正东方向，汕尾以南约13海里，是海上一个没有居民的孤岛，是当年郑和下西洋的必经之地。

1996年，中国政府发布关于领海范围的声明，针头岩是中国领海基点之一。

针头岩岛附近的水流有季节性，通常春夏季有海南岛暖流从西南而上，秋冬季节水流改由东北的台湾寒流，从东北流经针头岩，所以针头岩潜点水流强

▲［针头岩岛］

▲ [猪鼻状海底生物]

劲。针头岩是外海，大浪大流，是未被开发的潜水点，不适合新手潜水员。下潜时要避免和潜伴失散逆流而游，尽量游近岩石边或巨石后，以避开湍急的水流。

针头岩岛的海床结构为巨型山脊和岩石层，水底的巨石层层叠起，由水面延伸到水底40米，巨石组成大大小小的水底通道，给鱼类提供了理想的栖身、匿藏、猎食的环境，岩石隙可提供底栖类动物（如珊瑚及海绵）、底栖类鱼类、石斑及珊瑚鱼等繁殖的空间。潜入此处，能观赏到各种鱼群穿梭其中，如果“运气够好”能够遇到鲸鲨。这里水下非常清澈，能见度可达25米，这样的能见度在附近其他海岩是达不到的。

针头岩岛除了可以潜水，还是海钓的热门地点，每天都有深圳、惠州、汕尾的海钓爱好者前往。

▲ [海底生物]

将针头岩岛列入“针路”的古代航海图籍有很多，较著名的有《海国广记》《指南正法》《四夷广记》《海录》《渡海方程》《广东海防汇览》等。明代《乾坤一统海防全图》、清中叶《海疆洋界形势图》、清末《广东全省水陆舆图》都将针头岩清晰标识出来。种种历史文献均证明了针头岩是古代西洋针路不可或缺的一环。所谓“针路”，《辞海》的解释为“古代以罗盘针指示方向的航海道路”。

看海底火山杰作

涠洲岛

涠洲岛是火山喷发堆凝而成的岛屿，有海蚀、海积及熔岩等景观，有“蓬莱岛”之称，是中国地质年龄最年轻的火山岛，也是广西最大的海岛。

涠洲岛位于广西壮族自治区北海市北部湾海域中部，北临北海市，东望雷州半岛，东南与斜阳岛毗邻，南与海南岛隔海相望，西面面向越南。是我国最大最年轻的火山岛，这里冬天无严寒、夏天无酷暑，全岛绿植茂密，气候宜人。

涠洲岛 3 亿年前是一片汪洋大海，经过几百万年的地质变化，涠洲岛又成为陆地，约在 250 万年之后，涠洲岛周边发生过数百次的火山喷发，形成了现如今岛上的地层主体。又经过海洋风暴、海啸以及海水的相互作用，形成了涠洲岛丰富多彩的海蚀、海积、海滩地貌。

涠洲岛有多处潜点，如猪仔岭潜点、石螺口潜点、鳄鱼嘴潜点、北港潜点等。观赏的内容也各不相同。

猪仔岭潜点

猪仔岭就是一个巨大的海蚀柱，高 35 米，宽不足 30 米，长有 100 米左右。此处水深 2 ~ 8 米，天好时能见度很高，东南侧海流较大。珊瑚较少，海螺、虾蟹较多，适合岸潜。

▲ [涠洲岛]

▲ [石螺口]

石螺口潜点

这里的海犹如蓝宝石一般清澄如镜，当属本岛之最，让人看了后心旷神怡。石螺口一带海底较浅而平缓，珊瑚带集中分布在离岸100～500米的地方，近岸处洋流较小，潮差约5米，适合岸潜。

▲ [鳄鱼嘴]

鳄鱼嘴潜点

鳄鱼嘴一带海域水浅礁多，一般需要开船过去。这里洋流也较小，水深4～12米，潮差5米，能见度通常有8米，适合船潜。

北港潜点

涠洲岛北部的北港村外500米左右海域有一片浅水珊瑚礁，海滩岩从古潟湖一直延伸到潮下带上部，覆盖于玄武岩之上。在水下3米左右，可浮潜。

别致的离岛

小琉球岛

小琉球岛是台湾本岛附近14个属岛中唯一的珊瑚岛屿，全岛都是珊瑚礁地形。它是黑潮支流流经地，海岛全年气温在25℃左右，非常适合潜水。

在台湾的西南方有一座风光旖旎的离岛叫小琉球岛，小琉球岛面积只有6.8平方千米，环岛公路全长约12千米，为了与日本的“琉球岛”区分，所以称为小琉球岛。熟悉小琉球岛的人说，此地有“三多”，即庙多、船多、小孩多。岛上最雄伟的灵山寺供奉着佛祖释迦牟尼，平日里香火颇为旺盛，是小琉球岛的标志之一。

▲［花瓶岩］

花瓶岩

小琉球岛上最出名也最美丽的风景就是花瓶岩，这块岩石因地壳隆起而抬出海面，在海水、风暴不断的侵蚀下，逐渐形成了上宽下窄的造型，加上顶部绿苔点缀，就像花瓶一般，因此而得名。花瓶岩水下生活着各种鱼类，此处是不错的潜水地点。

美人洞

相传有位苏州美女，因海难漂来小琉球，觅得一洞，洞内奇石陈列、花草丛生，洞外碧波万顷，水天相连，美女便独居于此，后人就称此地为美人洞。

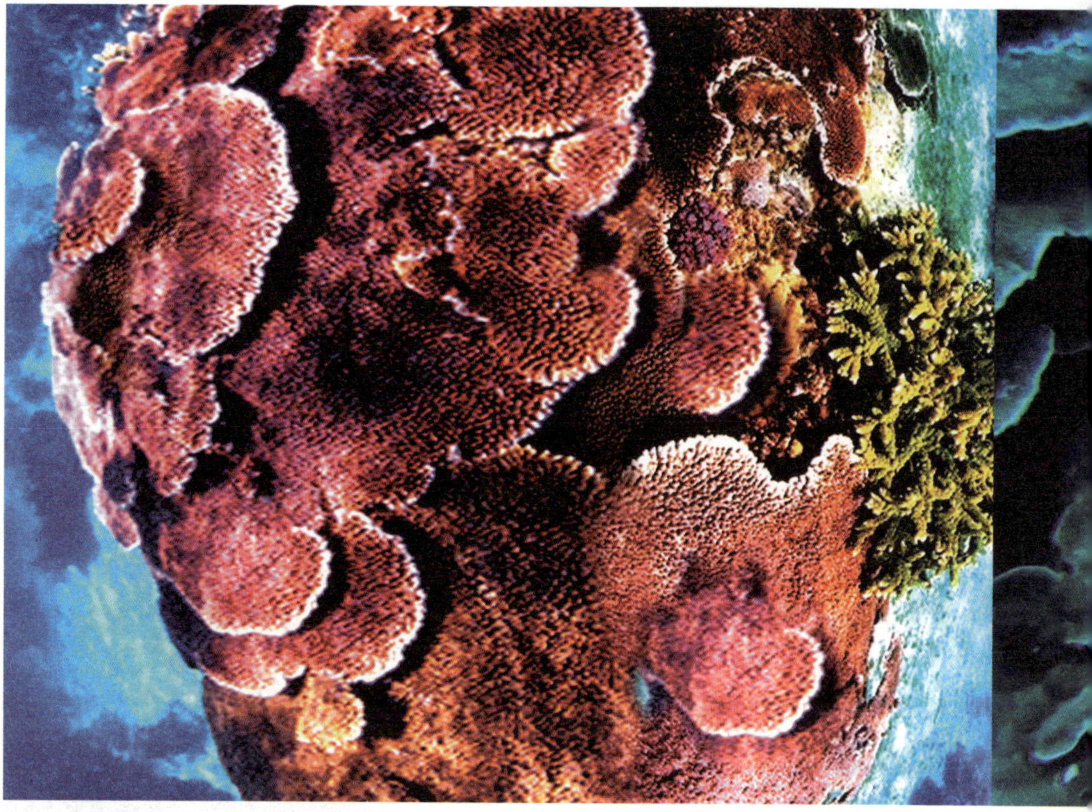

▲［海底珊瑚］

乌鬼洞

乌鬼洞位于小琉球岛西南部，洞口低狭如裂缝，需要匍匐而入，里面潮湿阴暗，曲折深远，洞内先后发现有石床、石桌、石锣、石鼓等物。传说郑成功赶走荷兰人收复台湾后，荷兰人留下的少数黑奴潜居洞中。几年后，有英军小艇登陆观景，黑奴乘隙抢物烧船，并杀尽英军。英国军队为此上岸搜查，将黑奴全部烧死于洞中，“乌鬼洞”因此得名。

小琉球岛的气候属于热带季风气候，也因为纬度较低又位于台湾西半部，成为台湾唯一不会受东北季风吹袭影响的外岛，因此四季气温变化小。

▲ [小琉球岛海底世界]

山猪沟

山猪沟原为一处断崖所形成，这里怪石、岩洞和榕树交相辉映，而且有着最完整的原始木桩道，形成了一处静谧、天然的林道。

小琉球岛海水十分清澈，能见度很高，水温非常适宜，一年四季都可以潜水，水下有色彩斑斓的热带鱼、贝类、海葵和海胆，在这里浮潜、体验潜水都是非常不错的选择。

▲ [海底生物]

日本的夏威夷

冲绳岛

冲绳岛独特的地理位置使它具有日本少有的亚热带风光，岛上成林的棕榈树、槟榔树和沙滩、海水构成了一幅美丽的图景，这使它有了“东方夏威夷”的美称。

冲绳岛位于日本九州岛和我国台湾省之间，是日本的一个县级行政单位，拥有日本本土民俗，还拥有中国、东南亚和美式风情，有着“日本的夏威夷”之称，是空手道的故乡。

冲绳本名叫琉球，明清时代它一直是中国的属国。日本明治维新之后的1879年，琉球国被并入日本，同年设冲绳县。而琉球是明朝时期中国人为该群岛取的名字。

▲ [真荣田岬青洞]

真荣田岬青洞潜水点

冲绳著名的潜水胜地真荣田岬青洞是一个天然的海蚀洞穴，阳光从狭窄的洞穴入口穿透海水，照亮海底，使得洞穴内布满了蓝色的光芒。因此这座洞穴被称为青洞（蓝洞）。

在青洞潜水时，如果洞窟里面光线很暗，就需要准备照明设备。同时需要控制好中性浮力，不要扬起水底沙尘，以免影响视线。

大猩猩劈掌潜水点

此潜水点靠近冲绳本岛北部的美之海水族馆，海滩上有一块像大猩猩劈掌般的岩石。

这里有白色的沙滩和月牙形的海湾，潜水难度较低，风大的时候也依然可以潜水，适合 15 米内的潜水深度，水下可以欣赏到斑斓的鱼群。

▲［海洋生物］

冲绳素有“世界长寿之岛”的美誉。当地居民的平均寿命为 81.8 岁，高居全球榜首。调查数据显示，每 10 万冲绳人中就有 34 位百岁老人。

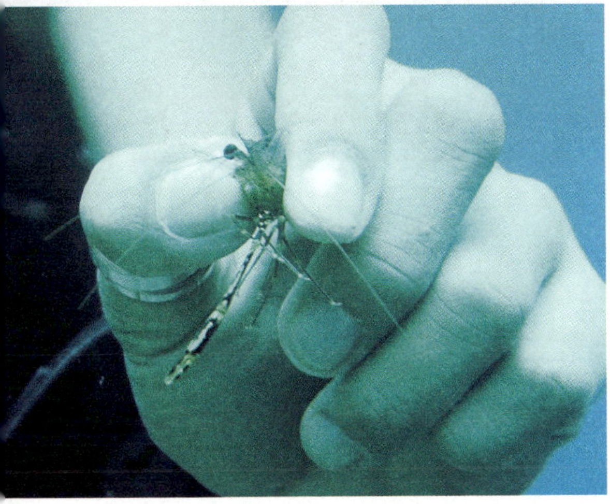

▲［海底小虾］

▲［潜入海底］

砂边地区防波堤潜点

此潜水点位于冲绳本岛中部的砂边地区防波堤，从防波堤下水，海水中遍布着色彩鲜艳的珊瑚，潜入水中，可欣赏到美丽的珊瑚和在珊瑚、海葵中穿行的鱼群，这里有大量的小丑鱼，因此人气与真荣田岬青洞不相上下。

大度海岸潜点

此潜点位于大度海岸，不建议新手前往，因为水下有海底断崖、大型根柱等多样的海洋地貌，且海水较急，没有

专业潜水教练陪同，会比较危险。

庆良间诸岛海域

这里是离冲绳本岛最近的离岛群，庆良间诸岛海域共有 100 多个潜水点，多采用出海潜水的方式，最深可下潜到 35 米。

海底栖息着 248 种珊瑚，这里还是绿海龟、红海龟和玳瑁海龟的产卵地，每年 4 ~ 9 月有机会看到大量的海龟。

久米岛海域

这里有着“球美之岛”的美誉。久米岛海域是冲绳境内能够遇见海龟概率最大的地方，除了海龟以外，这里还有大量的热带鱼、鬼蝠魟、海豚和座头鲸。

宫古岛海域

宫古岛的潜水点需要坐船才能到达，是持有 AOW 证书的潜水者必到之处。在这里潜水可以穿越有名的水下拱形和洞窟，附近有非常多的珊瑚种类，鱼群也很丰富，如果运气不错，还有机会看到鲸鲨和魔鬼鱼。

八重山诸岛海域

这里有 4 个以上潜点，非常适合初学者下水体验海底的乐趣。这里有原始的西表岛、拥有美丽珊瑚的黑岛和日本最南端的波照间岛等，在这里可以偶遇魔鬼鱼在身边遨游。

冲绳因早先的琉球王国的历史，使它很多方面瞧着像中国；而美军基地的存在，又带来了诸多的西式风情。

在饮食上面，冲绳的饮食习惯有别于东南亚的酸甜辛辣，更接近中国南方，价格也很亲民。

观山、观海、观岛、观滩

棒棰岛

棒棰岛拥有公认的大连市区最清澈的海水和最干净的海滩，海岸风光也相当迷人，常能见到拍摄婚纱外景的新人。

棒棰岛位于大连市滨海路东段，在大连市东南约 5 千米处。这里三面环山，一面濒海，北面为群山环绕，南面是开阔的海域和凹凸不平的鹅卵石滩，是一处以山、海、岛、滩为主要景观的风景胜地。棒棰岛名字的来历是因离岸 500 米远处的海面上有一小岛突兀而立，远远望去，极像农家捣衣服用的一根棒棰，故称棒棰岛。

棒棰岛海滩入口处可见到毛主席题字“棒棰岛”的大石。棒棰岛水质好，人也相对少，过去是领导人专属度假场所，现在对老百姓开放了。“棒棰岛”相较于南方的潜点稍逊色，只能在夏季来潜水，而水下能见度也只有 5 米左右，但水下生物非常丰富，有海参、海胆、鲍鱼、海螺及各种鱼蟹等。

▲［棒棰岛］

▲ [潜入海底]

▲ [毛泽东书写：棒棰岛]

看最完整的生态小岛

三门岛

三门岛的海水清澈透明，能见度为5～8米。阳光明媚的日子，浸在清凉的海水里，看着色彩斑斓的小鱼在身边游弋，所有的烦恼和劳累顿时消失，剩下的只有宁静、舒适和人与自然合二为一的惬意。

三门岛位于广东惠州大鹏湾与大亚湾的汇合处，属于沱泞列岛中的一个岛，临近香港，南面是浩瀚太平洋，是中国目前保存最完好的自然生态海岛之一。三门岛面积约为5平方千米，海岸线长13千米。

三门岛沧桑的历史

三门岛曾叫“沱泞岛”，当时为便于守备，清朝政府以官员沱泞的名字冠之其上。

光绪二十四年(1899年)，清政府在三门岛设立海关，将三门岛全部交由英国人管理。1942年，日军占领三门岛，在大亚湾海域集结2个师团兵力，共四五千人，之后进攻澳头、惠州，直扑广州，开始对南中国的侵略。

新中国成立后，三门岛仍是军事要地，驻扎了一个逾千人的加强团的军力，直到20世纪90年代香港回归前才撤离。

▲ [三门岛上古城墙]

三门岛上彩石滩：这里海水比月亮湾更清澈，适合浮潜，水下以及水岸边乱石林立，适合技术娴熟的潜水者。

[三门岛峭壁]

三门岛随处可见峭壁，峭壁下有丰富的海洋生物。这些峭壁潜点需要乘船才能到达。

至今，岛上还遗留有20多条迷宫般的防空洞、30多个强大的隐蔽火力点和纵横交错的战壕……

杂居着语言不同的村落

据说早在200多年前，就有人来此岛居住，岛上杂居着许多村落，他们住得虽近，但语言完全不同。小三门岛上渔民众多，主要讲惠东话，北扣湾的居民主要讲澳头话，而妈湾在西面，则讲大鹏话。

美丽的三门岛

三门岛海域的海水清澈透明，能见度为5～8米，岛上有五座可以攀登观景的山峰和一个面积为30 000平方米的天然淡水湖、2个沙滩和3个彩色石滩、485种植被、293种鸟类、400种海洋生物，是个值得一看的美丽小岛。

[月亮湾海滩]

这是三门岛上最大的沙滩，由于是一个海湾，风平浪静，非常适合游泳、浮潜。适合初学潜水者。

分界之美

分界洲岛

分界洲岛上有“鬼斧神工”“大洞天”“刺桐花艳”等20多处自然景观，并有暗礁潜水、峭壁潜水、沉船潜水、海上摩托艇、海底漫步、海上拖伞、沙滩酒吧等独具特色的海上娱乐项目，游客可以感受到前所未有的新奇、刺激。

分界洲岛位于海南省陵水县与万宁市交界的海中，是牛岭向南海延伸塌陷地段，由于此岛呈南北向，所以岛上气候变化明显，加上其独特的地形，以及地域文化特色的区别，分界洲岛自古就有“分界岛”“美人岛”“马鞍岭”“睡佛岛”等美誉。

“分界洲岛”人文分界：分界岭连接着中部的五指山山脉和西部的鹦哥岭，构成了一条东西纵横山脉，分隔了海南岛南北，自然的分界也成为古代海南人文分界，也就是汉族、黎族聚集区的分界，岭南主要聚居黎族，岭北主要以汉族为主。

前（钱）途无量路

在分界洲岛半山腰上有一条路，路

▲［前（钱）途无量路］

上布满着古今中外各类钱币，数量众多，数都数不清。正应了我们一句俗语：“前（钱）途无量”。其实这条路也是有来历的。据说当年任吉阳军（地名）太守的周康经过这里进入万安军（地名），然后北上。看到了这里自然景观奇特异常，于是他命船家将船靠岸，登上这座岛上的山，他来到了分界洲岛的半山腰，只见尽是灌木丛，路途崎岖，但是越走越感觉岛屿深处的美丽，发现这里真是个好地方。因此不由得感慨道：“此道一走可是前途无量！”

后来，根据这个典故，利用“前”与“钱”谐音，造出了这一条世界钱币博览路，这条路上的钱币是根据真币按比例扩大雕刻而成的。

▲ [破壳而出的小海龟]

福海寿山

在分界洲岛的海滩上，刻有“福”“禄”“寿”三个字，因而这里又有着“福海寿山”之称。

其中最可爱的就是“福”字，它的前面是一只小海龟破壳挣扎而出的雕像，雕像的后面是一个“福”字。

每年中秋前后，会有大量的海龟来到这里产卵，这些海龟从海里爬到沙地上，掘沙产卵，然后用沙把卵埋了起来，等这些小龟孵化出来后，就顺着沙地爬到海里。

海龟是长寿的象征，而如此多的新生命在此诞生，故而说在这里游玩可让游客有福分、长命百岁、多子多福。

“分界洲岛”气候之分：整个海南岛都处于热带，但是由于北面以平原地形为多，南面以山地为多，这样来自南边的暖气流受到东西走向山脉的阻隔，导致山体迎坡（南面）和背面坡（北面）的气候出现差异，以致这座小小的山岭对海南岛东南的气候也产生了影响。也正因为这样，站在分界洲岛上，经常就可以看到牛岭“牛头下雨，牛尾晴”的奇观。

“分界洲岛”行政区域之分：此岛是万宁市与陵水县行政区域的分界岭，岭北为万宁市，岭南是陵水黎族自治县，两个县市的分界碑就在这山岭上。

▲ [分界洲岛]

除了看山、踏路之外，这里的海水也非常清澈，分界洲岛有非常洁净的海洋环境和丰富的海洋生态资源，此岛海水可见度达5～10米，岸上观看可将海水的颜色分为3层，分别为碧蓝、碧绿、深蓝。

分界洲岛的南边是各式各样的石花和海洋齿组成的花园；北面是满眼的火红珊瑚丛，向上海葵中的熊蚤、珊瑚间的三线琉球雀、栖息于岩洞的小波鱼以及厚厚的沙丁鱼群往来穿梭，向下红红绿绿的海星、海葵和各种贝壳成团成簇，偶尔还会有寄居蟹举着大钳从你眼前爬过。

这里是海南最适宜潜水、观赏海底世界的海岛，潜水条件得天独厚，被国际潜水专家认为是最适宜潜水的胜地之一。

▲ [帆水母]

帆水母凭借海风四处活动，是“偷懒”界的元老级生物，主要以海洋小动物为食。它们常被暴风雨冲到岸边，因此有时能在海滩上见到上百万只帆水母。用手去碰触帆水母，并不会感到刺痛，可一旦用碰过帆水母的手去揉眼睛或者碰触其他敏感部位的皮肤，就会感受到痛了。

大西洋

The Atlantic Ocean

全球最美岛屿

普罗维登西亚莱斯岛

普罗维登西亚莱斯岛（常称为普罗维）的幽雅湾海滩，被《福布斯》杂志评为15个世界顶尖豪华海滩之一，也是不可多得的潜水胜地。

位于加勒比海域的普罗维登西亚莱斯岛，距海地北部约145千米，东部濒临大西洋，西部同古巴隔水相望，是特克斯和凯科斯群岛的40多个小岛中的一个，现在是哥伦比亚在加勒比海上的一个监管海区。这里年平均气温为27℃，年降水量750毫米，多飓风。岛屿由石灰岩组成，地势低平，最高不超过25米，沿海多珊瑚礁。

在普罗维有着最佳的视野、原生态礁石、大量热带动植物、鱼群和其他海洋生物、高质量的潜水服务和优越的环境，因此该岛成为世界级的潜水胜地。

普罗维有多种潜水项目，其中海墙潜水是一项独特异常的潜水项目，由浅水域沿珊瑚墙一头扎进深水域，刺激万分。这里的礁石与海滩非常靠近，有利于海滩潜水。附近海域还有失事船只残骸，更增加了潜水内容的多样性。

▲［特克斯和凯科斯群岛］

特克斯和凯科斯群岛是西印度群岛中的英属岛群。位于巴哈马群岛东南端，距海地北部约145千米。

在普罗维还有12英里长的幽雅湾海滩闻名于世，这里也是亚历山德拉公主海洋公园的所在地，该海洋公园也是著名的宽吻海豚“Jo Jo”的运动场，这里还可以参观世界上第一个贝壳农场，游客可以了解贝壳是如何从小小的幼虫长成4岁大的贝壳。

普罗维拥有最原生态的海滨、静谧宁和的岛屿、绿宝石般清澈的水域。

这里可以进行大部分水上体育活动，如潜水、到深海垂钓，以及一切海上活动。

岛上的亚历山德拉公主海洋公园和岛西北端是普罗维的两个热门潜水地点。

岛上两个主要的和最古老的居民区是白特山和布鲁山，它们围绕着淡水供水系统而建。这两个居民区带给人一种真正的加勒比乡村的感觉。

▲ [正面：温斯顿·丘吉尔]

▲ [背面：特克斯和凯科斯群岛岛徽]

1974年特克斯和凯科斯群岛发行的英国首相温斯顿·丘吉尔100周年纪念币。

▲ [特克斯和凯科斯群岛的珊瑚礁]

特克斯和凯科斯群岛的珊瑚礁被联合国教科文组织列为世界遗产。

最受游客喜爱的岛屿

大巴哈马岛

大巴哈马岛的潜水点集中在南部海岸，水下探索协会按深度将其分为三级。小于12米的被划定是浅滩，12～18米深被划定为中度珊瑚礁，深度大于18米就被划定为深度珊瑚礁。

▲ [巴哈马浅滩潜点]

大巴哈马岛长8137千米，宽27千米，是巴哈马群岛中的第四大岛。

▲ [与海龟同游]

记忆岩峭壁潜水点

大巴哈马岛记忆岩峭壁潜水吸引着来自世界各地潜水员的到访。

这里深度为27～45米，能见度为10～20米。像其他巴哈马浅滩潜点一样，去记忆岩只能通过船潜。记忆岩在墨西哥湾流的东部边缘，峭壁本身非常陡峭，下降到深处就开始变得像竖切面一样垂直。这里脊——槽沟地貌形成的地貌像

▲ [魔鬼鱼]

楼梯一样，上面同时遍布深槽，有许多造型各异的海绵，如管状海绵、炉管海绵和桶状海绵，更有大片的深海柳珊瑚和珍贵的黑珊瑚稀疏地生长着。在这里潜水要求拥有进阶潜水员资格。

奥林匹斯山珊瑚土丘潜水点

奥林匹斯山海域最大深度为 25 米，能见度较高。这一潜点是由主要成分为珊瑚形成的土丘滚动而成，土丘最初高 30 米，后来土丘的峰值在 15 米左右。巨大的珊瑚由沙巷分割，潜水员可以爬上斜坡，然后下滑到下面的山谷。

潜水员在珊瑚丛中游弋时，深海柳珊瑚随波起伏；刺魟和海龟会和你结伴同行；还可以在海底沙子中发现藏匿的美洲魟，它们有时会在沟壑和珊瑚礁裂缝中；橙色象耳海绵栖息在珊瑚礁的边缘；虾虎鱼、海鳝、石斑鱼和鹦鹉鱼在

▲ [海蛞蝓]

▲ [西奥残骸]

大巴哈马岛水下探索者协会开业于1964年，举办了无数次的潜水赛事。

巴哈马群岛的原住民为路克扬印第安人，1492年10月12日哥伦布探索该群岛时曾见过他们。据说哥伦布曾登陆圣萨尔瓦多岛。西班牙人对移民该岛没有兴趣，但曾到此搜刮奴隶，使当地人口锐减。

蜂巢状的珊瑚礁中懒散地移动。

西奥残骸潜水点

西奥残骸是巴哈马群岛中最好的沉船潜水地点。位于大巴哈马岛海岸约2.4千米、30米深的水下。

这艘沉船始建于1954年，是在挪威完成的69米长的货船，用于挪威和西班牙之间的货物运输。退役后，西奥被弄毁，沉没于国际海域的深处。1982年10月，被拖到大巴哈马岛的指定地点沉入海底，随着时间的推移，船舶表面被大量的橙色海绵和各种水下植被覆盖，大量的柳珊瑚四处伸展着，大型海扇和海鞭似乎在微流中轻轻摆动。成群的杰克鱼在这里出没，石鲈似乎占据了主导地位。不可否认，这条沉船造就的海洋世界，已经成为了巴哈马群岛海洋遗产的一部分。

在水下探索者协会的推动和帮助下，西奥沉船残骸俨然成为潜水者的天堂。

“海底小屋”打造童话世界

基拉戈

基拉戈海滩位于美国佛罗里达州，其长达193千米的浅海域，遍布着各式的鱼礁和沉船。在基拉戈海滩上，可以冲浪、游泳、打沙滩排球，这里还是自由潜水者的最爱。

▲［深渊基督］

在名为基拉戈岩石的水域，7.6米深的海水下矗立着一尊高2.6米、重1800千克的“深渊基督”铜像。其上半部分较接近水面，可以容易地通过浮潜观看。这座雕像是基拉戈干岩礁石珊瑚形成的，是意大利基督的复制品，为纪念迷失于大海的水手而打造。

在基拉戈海滩这片海域中，有众多潜水点。

“海底小屋”童话世界

在基拉戈海滩不远处的海底，可以真实地感受到童话故事里才会出现的海底小屋，深潜6.5米便可抵达。屋内设施齐备，有两间卧室，一间公用厨房，一间餐厅和起居室，房间内配有电视机、录像机和高档音响；在房间的玻璃窗外，可以看到天使鱼、珊瑚鱼、鹦嘴鱼、梭鱼等海洋生物悠闲地游来游去。

海底小屋周围还有放着大量真人大小雕塑的海底雕塑博物馆。随着时间的推移，雕塑失去了本来的面目，呈现出一种诡异之美。这些海底雕塑上面覆盖着藻类和珊瑚，变成了珊瑚礁，为海洋生物提供了栖息之所。

蜜糖暗礁两艘沉船

基拉戈周围的海域是潘内坎珊瑚礁州立公园的一部分。该公园于1960年开放，是美国第一座水下公园。公园以一位佛罗里达居民约翰·潘内坎的名字命名，以纪念他为保护珊瑚礁及自然环境做出的贡献。从岸上到最后一块珊瑚礁为止，这片海域绵延5500米，最深处达90米。

在公园南部蜜糖暗礁附近还有许多不幸触礁沉没的船只。

“本伍德”号是1910年在英格兰打造的运输船，1942年的一个晚上，“本伍德”号途经此地时，为了避免成为当时德国潜艇的攻击目标，“本伍德”号关闭了船上的灯光。不幸撞上了同时在这片海域行驶的一艘美国运输船，此船同样为了躲开德国潜艇关闭了灯光。

这两艘大船相互发生撞击，“本伍德”号船身严重受损，沉没在离基拉戈海滩30分钟船距的水域里。

70多年过去了，“本伍德”号成为了水下生物的乐园，珊瑚、鱼群以及各种有壳的海底生物在它的残骸里安家。如今“本伍德”号被潜水爱好者看上，并且被划为自然保护区。

“杜安”号沉船建造于1936年，曾经是美国海岸巡逻队的重量级巡逻舰，1943年，“杜安”号与其他舰船一起击沉德国潜艇U-77；战后“杜安”号主要从事海上救援和毒品搜查任务。1985年“杜安”号退役，并在两年后放沉在了离基拉戈海滩40分钟船距的海底，竖直地稳坐在海底的沙地上，作为人造礁石。沉船复杂的结构和多样的空隙为水下生物提供了绝佳的栖息场所。

▲ [探索海底沉船]

金银之地

青年岛

19世纪英国文坛"新浪漫主义"代表作家罗伯特·路易斯·史蒂文森的成名小说《金银岛》独树一帜，极富神奇浪漫色彩，其笔下的金银岛就是如今古巴的特别行政区：青年岛，它位于古巴的西南海岸，也是古巴最出名的潜水区。

盛行风又称最多风向，是指在一个地区某一时段内出现频数最多的风或风向。通常按日、月、季和年的时段用统计方法求出相应时段的盛行风向。

青年岛为古巴第二大岛，1978年以前，此岛被称为松岛，后来为了纪念在此工作和生活的学生们，才更名为青年岛。

青年岛的海岸不规则、多小海湾，小海湾的名字无不与臭名昭著的海盗有关。

青年岛南部的海滩景色秀美，闻名遐迩，在埃斯特角6个著名的山洞里至今还保留着235幅远古土著印第安人的绘画；其海底是奇特美丽的珊瑚地质构造，洞穴纵横，有无数管状海绵、五彩斑斓的各种鱼群、加勒比特色的海洋植物和丰富的海产品。

从20世纪70年代开始，潜水就成为了岛上颇受欢迎的运动，青年岛的半

▲［瓦片珊瑚］

▲［珍稀濒危保护动物——古巴鳄纪念邮票］

古巴鳄又叫菱斑鳄，是中型鳄鱼，体长3米，也有些个体会更大些。吻相对较短，成鳄体黑而有黄斑。古巴鳄以鱼和小哺乳动物为食，性情凶猛。古巴鳄与美洲鳄以及被引入的眼镜鳄分享共同的栖息地。对古巴鳄的繁殖行为，我们所知甚少，只知道其挖洞产卵。古巴鳄是受政府法律保护的濒危物种，在美国的一些动物园和美国、古巴的养殖场中可以繁殖。

岛向西北方向倾斜，盛行风则从东面而来，所以全岛的潜点都得到了很好的保护，免于遭受墨西哥风浪和洋流的侵袭。因此，这里水面平静，能见度特别好，这也使它成为一年一度的国际水下摄影比赛的理想场地。

青年岛的潜点因隧道、深通道和水下山谷而闻名。在青年岛有几处十分受欢迎的潜水之地。

印第安峭壁

印第安峭壁的水深9～19米，能见度为10～15米，在水下有大型的岩石塔楼，塔楼被生菜珊瑚、脑珊瑚和星珊瑚所覆盖，随后峭壁便骤然跌向海床。该地区还有火珊瑚，在峭壁30米处还可以看到黑珊瑚和深水柳珊瑚。

在峭壁的裂缝和隐蔽处可以找到藏

▲［鹿角珊瑚］

▲ [潜入沉船主舱]

匿其中的金鳞鱼，珊瑚丛中生长着绿边海葵和大量的海绵，包括管海绵和花瓶海绵。细小的沙质通道让这一潜点更加令人难忘——通道陡直地往峭壁边缘倾斜，在珊瑚丛中划拉出若干鲜明的轨迹。

“吉巴克”号和“斯巴达”号沉船

“吉巴克”号和“斯巴达”号这两艘船最开始都是因军事目的而出海，在20世纪70年代被故意凿沉在此海域。从那时候开始，大量海洋生物在沉船上安家，“吉巴克”号的一部分露出水面，从海面上就能看到，而“斯巴达”号则连同配套的枪炮一起安然地躺在它旁边。残骸的开口和门洞都够宽，可以安全进入船体。

赞波浅滩大量沉船

埃斯特湾东部被称为赞波浅滩——它实际上可算是沉船墓地，那里已经发现了大约70艘沉船遗骸，成为潜水者经常到访的一个受欢迎潜点。潜水者需要具备极好的浮力控制能力，以免损坏附着在这些船体上的珊瑚和繁茂的海绵。

伊莎贝塔水下山顶

伊莎贝塔水下山顶深度为15米，能见度为15 ~ 18米。此处山顶是个特别棒的水下摄影潜点，能见度超高，在水下也能享受到非常好的自然光，而且这里的鱼类丰富多样。沙地中间有许多珊瑚露头，如星珊瑚、萵苣珊瑚、脑珊瑚等。珊瑚露头上能看到许多小珊瑚鱼。靠近峭壁时，地形变得更为凹凸不平，海洋生物也更加密集，鲷鱼、绯鲵鲣、鹦嘴鱼、低纹鮨、神仙鱼、管口鱼都很常见，偶尔还能看到梭鱼群。

《泰坦尼克号》的沉没地

韦尔特岛

凄美的《泰坦尼克号》的故事就发生在韦尔特岛附近，这使得潜水爱好者对这片海域增加了更多的向往。

韦尔特岛又称为绿岛，位于加拿大纽芬兰岛南部，比林半岛以西，纽芬兰岛和圣皮埃尔和密克隆群岛之间，距圣皮埃尔朗格拉德约10千米，面积0.3平方千米，最高点海拔47米，岛上的灯塔建于1908年，韦尔特岛迄今为止无人居住，是座无人岛。

韦尔特岛属亚寒带大陆性气候，拉布拉多寒流沿东岸南下，冬冷夏凉。

韦尔特岛因无人居住，几乎无污染，海水清澈见底，可见度高，是座鲜为人知的潜水胜地。

这里有令人赞叹不已的镜湖，无数尚未开发的绝美白沙滩，颜色丰富、层次分明的碧蓝海水，让人目不暇接、种类繁多的鱼群，众多如绿松石般充满魅力诱惑的海水潟湖，茂密的热带雨林，原生态的红树林、沼泽地，水下保护完好的蓝色鹿角珊瑚群以及硕大的叶状珊瑚群，潜水时还能遇见无色透明的小水母，但要注意躲避，因为它们蜇起人来毫不含糊。

“泰坦尼克”号沉没的地方就在韦尔特岛附近，这也是吸引很多潜水爱好者争相前往一睹风采的原因。

▲［电影《泰坦尼克号》海报］

古巴最好的海滩

拉戈岛普拉亚帕莱索海滩

这里有清澈的海水和白净的沙滩，海水的颜色在这里呈现出多种变化，是潜水游玩的最佳选择，在海边的每一分每一秒都是美的享受。

拉戈岛，也称为卡约拉哥岛，是古巴在加勒比海的一个小岛屿，隶属于卡纳雷奥斯群岛第二大岛，现由青年岛特区负责管辖。这里有最原始的海滩，吸引大量游客到该岛潜水和观看野生动物。岛上没有永久居民，有许多度假村，这里还是世界闻名的裸体主义者的热门旅游目的地。

在拉戈岛上最著名的要数普拉亚帕莱索海滩，普拉亚帕莱索海滩被称为古巴最好的海滩，是被评选为“全球最美海滩”第三名的优质海滩。

这里常年天气晴朗，天上的云朵清晰可见。1492年，哥伦布驾着船驶入此处时就被这片景致深深吸引住了。他写给西班牙皇室资助者的信里说，“这里值得所有的美和赞赏”。令人惊喜的是，500多年后的今天，这里的美景依旧令人心醉。

这个海滩并不像其他岛屿一样完全暴露在海洋面前，而是由巨大的内湾将其环绕其中。宝蓝色的海水，雪白的白沙滩，郁郁葱葱的热带植被绵延整个山脉。

▲［普拉亚帕莱索海滩的瑜珈美人］

▲［潜入普拉亚帕莱索海底］

该岛因无产业，所以几乎无污染。海水清澈见底，能见度高，轻潜便可以看到许多漂亮、活泼的热带鱼群，还有些叫不出名字的、奇形怪状的鱼类，幸运的话，深潜时还可以看到鱼群整齐有序环游海底绕圈的壮观奇景。

普拉亚在葡萄牙语中是“海滩”的意思，因为这里的大西洋沿岸有1000多米长的海滩，城市由此得名。

普拉亚是佛得角的首都，其最隆重的节日是狂欢节，一般在复活节前40天的第一个星期二举行。庆祝节日的那一天，佛得角的城市都会有花车游行，一位装扮成公主的女孩子高高地站在彩车上。到了夜间，人们聚集到广场上或者公园里，尽情狂欢，享受人间乐趣。

最适合潜水之地

大开曼岛

大开曼岛有极高的海水能见度、繁茂美丽的珊瑚和丰富的海洋生物，潜水环境极佳，是加勒比海闻名遐迩的潜水胜地。

▲ [大开曼岛海滩]

▲ [鳐鱼]

开曼群岛位于牙买加西北的加勒比海中，是英国在西加勒比群岛的一块海外属地，由三个主要岛屿组成，包括大开曼、小开曼和开曼布拉克诸岛。

其中大开曼岛是开曼群岛中最大的岛，位于牙买加西北约 290 千米。其地势低平，海拔不足 15 米。著名的大开曼岛墙环绕整个岛屿，四面都有潜水点。其中最有名的潜水点有以下几个。

鬼山

鬼山在大开曼岛的北边，这个名字来自幽灵般的海底珊瑚群，在深约 30 米的海底，有一个巨大的蘑菇状山峰，被一群群的鱼包围着，上面还覆盖着新星珊瑚、珊瑚虾。周围布满海绵和柳珊瑚或穿过珊瑚墙寻找隐藏地的热带鱼。

这里对潜水员的技术、水性有着极高的要求。要有经验的潜水爱好者才能欣赏到被柳珊瑚包围的洞穴。

魔鬼鱼城

魔鬼鱼城是鳐鱼的聚居区，这里有数不清的鳐鱼。魔鬼鱼城只是大开曼群

▲ [海面的鱼背]

岛附近的一个浅滩，在及腰的清澈海水之下，到处可见在水中自在穿梭的魔鬼鱼，魔鬼鱼没有牙齿，是靠身体下面的嘴巴把食物吸进去的，所以不必担心受到它们的伤害。

鳐鱼体型大小各异。小鳐成体仅 50 厘米，大鳐可长达 2.5 米，以软体动物、甲壳类和鱼类为食，由上面突然下冲，捕捉猎物。

对于潜水者来说，只需在 4 米左右深的水里，就可以享受到真实的 3D 体验，因为那些巨大的鳐形目鱼会在周围游走，四处寻找食物。

这里是世界最好的浅滩潜水地之一，对新手来说也是很完美的体验。

巴比伦

巴比伦是北墙最远的潜水点，人们通常会来这里船宿潜水或来一次潜水一

起先由于周围水域中有许多海龟，西班牙人称之为龟岛 (Las Tortugas)；后因此地产鳄鱼（西班牙语作 caiman），1530 年就被命名为开曼。

《马德里条约》将牙买加割让给英国之后，大开曼岛上建立了第一个永久居民点。来此定居的大多为英国海员、私掠船船员、沉船的乘客和非洲奴隶，还有来自牙买加政府赠与地的业主。

开曼群岛在 1978 年获得了一个皇家法令，法令规定永远豁免开曼群岛的缴税义务，故而开曼群岛完全没有直接税收，无论是对个人、公司还是信托行业都不征任何直接税。

▲ [乘船出海]

日游。巴比伦海滩外水下 10 米左右有大片珊瑚礁，在那些黑珊瑚、巨大的紫色海扇和圆桶海绵生物中，还能发现鹦嘴鸟、梭子鱼、燕魟、绿海龟、玳瑁海龟等。

“三趾鸥”号航空母舰沉船

在大开曼岛中有艘服役了半个世纪的“三趾鸥”号航空母舰沉船。

2011 年，这艘航空母舰在位于大开曼岛 3 千米海滩的最北端沉没了。因为沉船时间不久，船上的海洋生物很少，但是也给潜水者带来了乐趣，那就是可以肆无忌惮地探索 76.5 米高的船体，参观完了食堂、医疗室、推进舱、弹药储物柜后，还可以在船头感受下《泰坦尼克号》里经典的一幕。这个潜水点适合各个层次的潜水者，最深处为 20 米。

▲ [大开曼岛海底巨舰]

最天然质朴的小岛

小开曼岛

小开曼岛有极好的海水能见度、繁茂美丽的珊瑚和丰富的海洋生物，因此成为了闻名遐迩的潜水胜地。

开曼群岛风景秀丽，四季气候宜人，它是海底山脉隆出水面的部分，周围被珊瑚礁环绕。小开曼岛是开曼群岛中最小的岛，只有16千米长和1.6千米宽。

血腥湾海底峭壁

血腥湾海底峭壁就坐落在小开曼岛的北海岸，这是一个海底悬崖，被认为是小开曼岛最令人叹为观止的潜点。

海底峭壁的另一面是垂直2千米的深坑，旁边是梦幻的垂直森林，里面有散发着霓虹黄色的管状海绵动物、生物荧光珊瑚。沿墙会发现燕魟、海龟、龙虾、条纹石斑鱼以及其他有趣、吸引人的下

▲［小开曼岛美丽的海底］

▲ [小开曼岛一角]

潜地。

海绵是这里的最大看点，这里有红绳海绵、橙色花瓶海绵、绿松石花瓶海绵、翡翠管海绵、火锅海绵、米色花瓶海绵和稀有的黄色管海绵等，构成一副壮观而美妙的景象。

小小的鲇鱼、优雅的燕魟、光滑的加勒比礁鲨都能在这里看到。这片看似废弃的沙地上还有大量的方头鱼、黄头大颚鱼、孔雀比目鱼、花园鳗鱼。它们形状各异、姿态优美，海底还有各类石斑鱼和其他热带鱼。

杰克逊湾

大部分来小开曼岛的人都是冲着海底峭壁来的，但是那些构成血腥湾海洋公园的陡坡道、洞群、礁石同样也出现在杰克逊湾，并且非常壮观。

英属开曼群岛所使用的货币是开曼元（CI），采用 $1 开曼元等于 $1.25 美元的固定汇率。

天堂的一角

开曼布拉克岛

开曼布拉克岛周边也有许多近岸浅滩潜点，此处水流清澈透明，是浮潜者和新手潜水员的上佳选择。

▲［成群的石鲈］

开曼布拉克岛距离大开曼岛东北144千米，全岛长19千米，虽然岛很小，却有着全开曼岛最多变的地形。岛上的大量潜点都在被岸礁环绕的西北侧，水流较为平静，系泊点超过45个。岛东部的水流则非常强，是观看远洋鱼类的最佳地点。

机场礁峭壁浅滩潜点

机场礁是一个浅滩潜点，在开曼布拉克岛的北部，潜水员可以尽情享受4～15米间奇妙的水下世界。这里有成群的石鲈和天使鱼在穿梭。

这里也是一个颇受欢迎的夜潜潜点，除了珊瑚礁蟹外，还能看到章鱼在夜色中漫游，四下寻找贝壳和其他猎物。

陡峭的斜坡潜水点

同样在机场礁，紧挨着浅滩潜点陡峭的斜坡直降至30米，最后完全落入深渊之中。峭壁上有一些深的大裂缝，裂缝中海洋生物生长良好，绳索海绵和裂缝深处，常有马眼杰克鱼群，在18米左右的水域还能看到石鲈。灰色天使鱼、法国天使鱼也是这里的常客，兔子鱼、石斑鱼也都对这块礁石青睐有加。

在这里潜水要小心，因为人在这种环境下总会萌生一种去到更深处的冲动。

“凯斯蒂贝茨”号沉船

这是一艘旅长Ⅱ级护卫舰，于1996年被故意凿沉在这里，全长约90米，坐落在15 ~ 30米深的水域。

▲［“凯斯蒂贝茨”号沉船船尾的机枪］

这艘船原是巡逻舰，直到20世纪90年代早期，它都属于俄罗斯驻守加勒比海的舰组。被凿沉之前，为了纪念开曼岛当地的一位先锋海员，它才被命名为“凯斯蒂贝茨”号。

当局为了保证潜水员的安全，在将船体下水之前清理拆除了所有的电线和门。

如今，坐落在开曼布拉克海域沙盆之中的船体上已经附着了大量海洋生物，也吸引了大量的鱼类，附近主要生活着大梭鱼、皇后天使鱼和黄倒吊。

流沙已经覆盖了残骸的大部分。船桥是开放的，可以穿过去，但由于船体破裂，某些金属部分已经呈利口或锯齿状，所以潜水员在这附近要格外小心。

▲［海百合］

墨西哥潜水天堂

科苏梅尔岛

科苏梅尔岛被誉为“墨西哥潜水天堂”，整个岛屿拥有40多个潜水景点。1961年，法国著名海洋学家雅克·伊夫·库斯托将科苏梅尔岛称为“世界最壮观的潜水胜地”。

墨西哥科苏梅尔岛拥有丰富的海洋物种、两栖动物、爬行类动物和红树林等自然资源，被联合国纳入“世界生物圈保护区”名列。据联合国教科文组织数据显示，科苏梅尔岛生物圈属于美索美洲珊瑚礁生态系统，这里有超过1192种动植物，其规模和物种多样性居世界第二位。

科苏梅尔是墨西哥加勒比地区最大的岛屿，大约在2000年前，科苏梅尔居住着玛雅人。岛屿位于尤卡坦半岛东边，只有48千米长和16千米宽，虽然面积不大，不过科苏梅尔却是西半球珊瑚礁系统中最大的地点。

▲［科苏梅尔岛玛雅人遗迹］

科苏梅尔岛有着各式各样不同类型的潜水地点。从以丰富珊瑚和热带鱼群生态为特色的浅滩潜水，到具有挑战性的放流潜水和岩壁潜水等，在这里每个人都可以收获属于自己的惊喜。

科苏梅尔岛国家珊瑚礁公园

科苏梅尔岛国家珊瑚礁公园是举世闻名的潜水点之一，这里鲜艳的热带鱼和万花筒般的彩色珊瑚礁随处可见，让

▲ [科苏梅尔岛玛雅人遗迹]

▲ [科苏梅尔岛上的太阳神图腾纪念品]

所有热爱大海的人欲罢不能！

全年任何时节都适合造访科苏梅尔岛国家珊瑚礁公园。

在这里潜水，可以感受到墨西哥湾洋流注入加勒比海的过程。这里大部分区域深度都在 9 ~ 27 米。能见度通常在 24 ~ 30 米。

在这里还可以选择船潜，而且大多数情况下，这里所有的船潜活动，船只都会跟随漂流在潜水员后方而永不下锚停泊。

水下有色彩斑斓的蟾鱼、燕魟、黄鸡鱼、真鲷、神仙鱼、鹦鹉鱼、海鳗、石斑鱼、玳瑁海龟、隆头鱼、猪隆头鱼、斑高鳍、琥珀鱼、龙虾、章鱼和长吻海马等。

▲ [蓬塔河畔生态海滩公园水下的鱼]

蓬塔河畔生态海滩公园

蓬塔河畔生态海滩公园是科苏梅尔岛上最大的生态保护区，也是一个迷人又梦幻的潜水地点。

这里可不是随时都可以找到的地方，此潜点只有在天气好的时候才会暴露出来，且这里几乎永远都有危险洋流经过。但是此处的深层岩壁、洞穴和其他特色，使它成为喜欢冒险的潜水员造访排行榜上的第一名。

沿着沙质的陡坡一路向下潜，便会开始进入充满各种生物的空间，它们是由珊瑚隧道及洞穴组成的水下天堂。其中一处较大的洞穴被称作“恶魔之喉”，具有四条通道的水底腔室，其中一条会通往一个名为“大教堂”的宽广洞穴，这里还有另外三条互通的通道。

虽说这是一处绝佳的潜点，但可以待在水底的时间会因此处的深度和复杂的自然条件而受到限制。要想来到这个奇幻的水下世界，必须请当地的潜水高手带领，并且接受过适当训练后才能探索这处潜点。

世界上最美的蓝洞

伯利兹大蓝洞

伯利兹堡礁是西加勒比海生物物种最丰富、海洋生物最多、海底世界最美的海域，而伯利兹大蓝洞则是这里最著名的潜水地区，在这里潜得越深，海水越清澈，海景也越美。

伯利兹堡礁是伯利兹海岸一系列珊瑚礁的统称，隶属于中美洲大堡礁的一部分，整个堡礁分布在离岸 0.3 ~ 0.7 千米的伯利兹近海范围内，堡礁呈南北走向，长度有 300 多千米；伯利兹堡礁是仅次于大堡礁和新喀里多尼亚堡礁的世界第三大珊瑚礁生态系统。

伯利兹堡礁主要由包括格洛弗礁、灯塔礁、斯内夫群岛等三大珊瑚环礁在内的 450 多个珊瑚岛、沙洲和暗礁组成。

伯利兹除了有世界第二大堤礁、玛雅遗迹和八大野生动物保护区外，还有极具特色的大蓝洞。

伯利兹大蓝洞位于灯塔礁，这个壮

▲ [邮票上的伯利兹玛雅遗址]

▲ [邮票上的鲸鲨]

鲸鲨经常有规律地出现在伯利兹堡礁周边海域。

▲ [空中看到的伯利兹大蓝洞]

丽的大蓝洞位于伯利兹外海约69千米处，离灯塔暗礁的中心距离很近。它实际上是一个垂直的洞穴，也是唯一一个能够从空中用肉眼看到的大蓝洞。

伯利兹大蓝洞直径约为300米，深约125米，堪称世界上最大的水下洞穴，其四周由蓝绿色水域围绕，就好像是一个黑眼睛一般突出。由于洞穴很深，因此其中的海水呈现出深蓝色，所以被称为“蓝洞”。如今这里已成为闻名遐迩的潜水胜地。在这里除了可以看到水下钟乳石奇观，还可以看到在珊瑚礁周围出没的鲸鲨、锤头鲨、礁鲨和公牛鲨。

这个地下水洞是潜水者的向往之地。然而由于洞壁倾斜接近垂直，潜水者必须有高超的技术才可以在水洞里徜徉，许多想挑战自己的潜水技能、对海洋有着无限狂热的潜水爱好者都会选择来此，挑战自己，提升自身的技能，与海洋来个亲密接触。

据调查，此处一共约有178种陆生植物和247种海洋植物，珊瑚种类包括大约70种硬珊瑚和36种软珊瑚，超过500种鱼类、三种海龟以及各种海绵、海洋蠕虫和甲壳类动物。这里有大量的濒危海洋物种，包括西印度海牛、绿海龟、玳瑁龟和美洲湾鳄，其中全世界1200只西印度海牛中有大约700只生活在伯利兹堡礁区域。还有大量的海鸟也生活在这一区域，包括红脚鲣鸟、褐鲣鸟、格洛弗礁鱼鹰、燕鸥、褐鹈鹕和军舰鸟等。

风景多样的美丽小岛

马提尼克岛

马提尼克岛有优美的自然风光，曾被哥伦布喻为“世界上最美的国家”。马提尼克岛上的克里奥尔人还保留着传统的民俗习惯，另外马提尼克岛能够催长身高的传说更使得该岛充满了神秘色彩。

▲［钻石岩］

马提尼克岛位于加勒比海上，是法国的一座海外离岛，有歌词曾提到这里是法国遗落在加勒比海上的一滴泪珠。

马提尼克拥有人文气息浓厚的岛上古城。走在古城不宽阔的林荫道上，可以真切地感受到法兰西风情：夹道浓郁

每10年左右的时间，岛上便会出现一种令人们迷惑不解的奇异现象：岛上居住的成年男女都长高了几厘米，这里成年男子的平均身高达1.90米，成年女子平均身高也超过1.74米。岛上的青年男子如果身高不到1.8米，就会被同伴们耻笑为“矮子”。

▲［邮票上的马提尼克女孩］

马提尼克岛的斐尔坝拉人还有一个习俗——从不弯腰。即使最贵重的物品失落在地上，他们也从不弯下腰去拾取，而是拔下插在背上的一个竹夹，挺着腰用竹夹夹取。斐尔坝拉人从不弯腰的习俗，据传说是历史上受过异族的欺凌所致。17世纪中叶，马提尼克岛被法国侵略军占领，法国侵略军经常侮辱他们，把他们当牲口骑。有一个叫耐特森的头人，在被一个法国侵略者当坐骑时，猛地跳起来，将他摔得很远，并发誓："我们斐尔坝拉人要永远站着，不弯腰！"从此，这个民族就养成了不弯腰的习惯。

的林荫，花团锦簇的街心小花园，精致的雕塑和参差的法国南方风格建筑，让人恍如到了蔚蓝海岸。

马提尼克岛属热带雨林气候，只有两个季节：从1月到6月是干季，气候适宜；从7月到12月是雨季，一年四分之三的雨水都降落在这个岛上，填充着河水和小溪。这里每个月的气温介于24℃～27℃之间，年降水量为1500～2000毫米，水表温度终年都在26℃～28℃。海水温度适宜珊瑚礁的生长，因而海水下有大片的珊瑚礁，如同盛开的牡丹花丛，层层叠叠，蔚为壮观。这里也有紫色的巨大珊瑚礁，形状各异、姿态优美，有时还可以看到小鱼成群，非常适宜潜水。

马提尼克岛最值得推荐的潜水点是钻石岩，它位于距马提尼克岛以南约3千米的大海中，是个玄武岩质地的无人小岛，因为其外形突出在海上，远远看去形如钻石而得名。

这里地处热带，水温较高，拥有适合珊瑚生长的最佳环境。对于潜水者而言，属于世界上最好的潜水区。

斗鸡在马提尼克岛的流行程度就像赛马在英国和法国的流行程度一样，在整个岛上到处都可以看到斗鸡场。

世界上至美的一方净土

费尔南多—迪诺罗尼亚岛

1503 年 8 月，当航海家阿美利哥在费尔南多—迪诺罗尼亚群岛的主岛靠岸时，他被周围的景色迷住了。在他给葡萄牙国王的信中，他说他到了天堂。费尔南多－迪诺罗尼亚今天依然保持着阿美利哥所封的“天堂”称号，并成为世界自然遗产。

费尔南多—迪诺罗尼亚岛可以说是巴西最美丽和保护得最完美的景区，它位于圣罗克角东北 360 千米处，与邻近小岛组成巴西伯南布哥州的一部分。群岛主岛面积为 18.4 平方千米，占群岛总面积的 91%，由 20 个小岛组成。全岛有 16 个海滩，海水清澈透明，能见度达 40 米深。

主岛费尔南多—迪诺罗尼亚岛中央有机场，首府叫雷梅迪奥斯镇。

巴西政府环保部门为保护费尔南多—迪诺罗尼亚岛的原始海岸景观及海

▲［费尔南多—迪诺罗尼亚岛清澈的海水］

▲［海上悠闲的猪］

洋生态系统，于1988年将其列为国家海滨公园。

费尔南多—迪诺罗尼亚岛有着金黄色的沙滩，碧蓝色海水的群岛，此外海岛周围的海洋动物种类繁多，有15种珊瑚、海绵、海藻、海龟、海豚及鲨鱼。

费尔南多—迪诺罗尼亚岛属于热带气候，有记录连续55年最热时气温只升到30℃，而最寒冷时温度也只降到18.6℃。群岛全年平均气温为26℃，旱雨两季分明，旱季是8月至次年1月，雨季为2月至7月。徒步运动的最适宜季节为旱季，而潜水运动的最佳季节则为10月份的雨季，因为那时的海水更为清澈，水流更为平稳。群岛上比较适宜潜水的几个海湾为：

猪湾：这个清澈的海湾有一处猪的乐园，因而被称为猪湾。在这里的猪与人友好相处，高兴时自由地畅游大海，真令人羡慕。潜水者可以在与热带鱼嬉戏的同时和猪一起游泳。

沉船湾：那里有一艘沉于1920年的希腊船，这艘船已成为了海底动植物栖息繁衍的场所，潜水者可看到种类繁多的海底动物。

海豚湾：这是人类所知的唯一的一个有长嘴海豚定期造访的海湾。

▲［跃出水面的长嘴海豚］

地中海

Mediterranean Sea

寻找红珊瑚

卡拉贝尔纳特

卡拉贝尔纳特是位于西班牙梅达斯群岛的一个潜水胜地，该海域最大的下潜深度为35米，是有经验想一展身手的潜水者首选的场所。

卡拉贝尔纳特主要的气候为地中海气候，其特点是冬季温凉多雨，夏季炎热干燥。在夏季时，温度在沿海和内陆有着较大区别，沿海受冷洋流影响，温度较低，最热月在22℃以下，空气比较潮湿，并且海面上多雾。

地中海气候区一般都有适宜的温度（年平均气温为15℃）和充足的光照，特别是卡拉贝尔纳特地区，这里有阳光灿烂的海滩、温热的海水、充足的日照，数不清的红色柳珊瑚和鱼类在这里生长，多种海洋动植物在珊瑚礁上栖息。

梅达斯群岛最大的特色就是红色柳珊瑚和许多鱼类，比如裸鳃类、海鳗、裸鳕等美丽的海洋生物。而这些红色柳珊瑚和鱼类绝大部分位于卡拉贝尔纳特海域内。每年

▲［海星与海螺］

▲［红色柳珊瑚］

的4—11月，是卡拉贝尔纳特最为适合潜水的季节，这里最大的下潜深度为35米，依稀可以看到岩壁上长满了郁郁葱葱的变形角珊瑚，色彩异常美丽。该海域海水清澈透明，水质优良、干净，到夏季能见度可达30米，即使是浅潜，也能看到美丽、深邃的海底奇景，以及沙丁鱼、金枪鱼、石斑鱼等。

这片海域水流很弱，非常适合初学潜水者享受潜水的乐趣。

▲［海底嬉戏］

▲ [马赛港内]

有景色、有历史的名城

马赛

我们熟知的《马赛曲》即诞生于此，它同时还是几千年来东方商品输入西方世界的重镇，如今这里每年都吸引着全球无数户外爱好者来此徒步、攀岩、潜水和划皮划艇。

马赛是一座有着 2500 年历史的古城，是法国第二大城市和第三大都会区，马赛还是普罗旺斯的首府。位于地中海沿岸，原属于普罗旺斯省，是法国最大的商业港口，也是地中海最大的商业港口。

马赛是法国历史上最悠久的城市，始建于公元前 6 世纪，后衰落几乎绝迹，10 世纪再度兴起。

市区的主要景点包括贾尔德圣母院、伊福岛堡、马赛美术馆、古救济院以及一片葱绿中的隆尚宫。

马赛港分老港和新港，老港在城市

▲ [马赛最有名的菜——普罗旺斯鱼汤]

马赛最有名的菜首推普罗旺斯鱼汤。它是将海鱼和虾等煮在一起而熬成的汤，原本是渔民的妻子为了给下海的丈夫暖和身子，以卖剩下的鱼熬成的平民汤菜。

的北面，现在发展成了游艇码头。新港区在城市的西面，在欧洲仅次于荷兰鹿特丹港，是欧洲排名前五的港口。

在马赛境内有个地方不得不提，就是卡朗格峡湾国家公园。卡朗格峡湾是一种独特的海岸地貌，分布在地中海沿岸，是石灰石长期风化以及受到海水侵蚀而形成的，以陡峭的崖壁及山坳为特点。

▲ [水母]

卡朗格峡湾国家公园包括从马赛的近郊到小城拉西约塔近 20 千米的天然岩石峡湾群以及其间的森林和海洋组成的生态系统。

卡朗格峡湾国家公园在 2012 年被列为法国的第十个国家公园，有着严格的保护措施和限制规范。这里有白色的沙滩，清澈见底的海水，简直是个与世隔绝的天堂，也是个潜水的好地方。

1792 年法国大革命时期，马赛人高唱《莱茵河战歌》进军巴黎，激昂的歌声鼓舞着人们为自由而战。这首歌后来成为法国国歌，被称为《马赛曲》。

蔚蓝海岸

拉西约塔

拉西约塔海港古典韵味十足，那里有个很大的古典灯塔，旁边有个游艇会，在游艇会附近泊着许多船只。可以开着游艇出海深潜或者就在拉西约塔海港浮潜。

拉西约塔是法国罗讷河口省的一个市镇，属于马赛区拉西奥塔县。拉西约塔拥有大量商业区，除此之外拉西约塔还是一个很宁静的港湾。

拉西约塔是航海玩船的好地方，特别是沿法国、意大利的海岸，终年蓝天

▲ [拉西约塔宁静的港湾]

白云，就算当巴黎是雨雪纷飞的严冬季节，这里还是阳光普照，温暖如春，所以被称为蔚蓝海岸。

拉西约塔海港是很典型的石灰岩地貌，一路沿着海岸走到尽头，有一块很大的岩石叫鹰咀山，倾斜 45 度插入海中，其形状既像鹰嘴，也像鱼翅。岛上的风景虽说不上特别美，但蓝天、白云、大海、峭崖，偶尔水鸟飞过、帆船滑过，在此浮浅或者深潜，都别有一番风味。

地中海的水非常清澈，原因主要是意大利、法国的阿尔卑斯山脉上基本都是石灰岩构造，从山上融化下来的雪水流进河里，基本没有挟带着泥沙，流出大海的水也是清澈的，所以此处非常适合开展潜水活动。

▲ [拉西约塔海港古典灯塔]

▲ [鹰咀山]

法国最古老的游览胜地

耶尔群岛

耶尔群岛有细软的沙滩、温热的海水、充足的日照和几乎没有污染的海域，有数不清的珊瑚礁群体和许多鲜为人知的鱼类在这里生长，多种海洋动植物在珊瑚礁上栖息，海底奇观令人震撼。

耶尔群岛是法国东南部地中海海滨区最古老的游览胜地和浴场，位于土伦以东约16千米，靠近耶尔湾，主要岛屿呈东西走向，对耶尔湾起屏障作用，地处莫雷山东南麓。

耶尔群岛地区深受地中海气候影响，夏季在副热带高压控制下，气流下沉，气候炎热，干燥少雨，云量稀少，阳光充足。冬季受西风带控制，气候温和，最冷月气温在4℃～10℃之间，降水量丰沛。

耶尔群岛地区有海滨浴场和阳光灿烂的海滩。海底生长的珊瑚，色彩异常艳丽，吸引着来自世界各地的潜水爱好者前往。

这片海域水流很弱，极适合初学潜水者享受潜水的乐趣。当然耶尔群岛不仅仅是初学潜水者的乐园，也是有经验的潜水者的天堂，潜水者可以根据个人的潜水能力，选择浮潜或者深潜进入海底，从而看到不一样的海底世界。

在耶尔群岛不仅可以潜水，还设有日光浴、沙滩排球、观光游览等活动，是闻名于世界的旅游胜地。

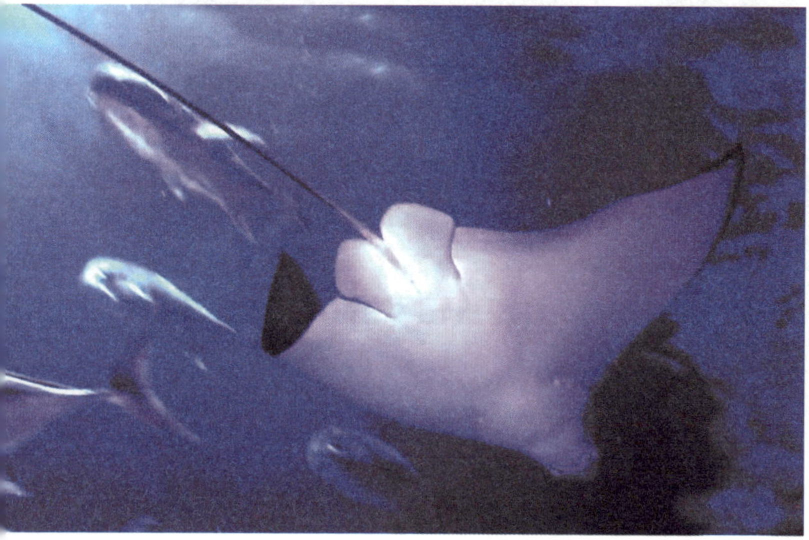

耶尔湾介于法国瓦尔省的日安半岛和贝纳角之间，宽16千米，从湾口向陆地伸入约10千米，是一个避风港。

耶尔湾不仅有橄榄油、化妆品制造工厂，还是水果、花卉、蔬菜的集散地。

[海底自由翱翔的鳐鱼]

在这里潜水，如果你足够幸运，可以遇到海底飞行家——在海底翱翔的鳐鱼。

富翁的消暑天堂

圣特罗佩

圣特罗佩以富翁的消暑天堂而闻名于世。这里是世界明星、富豪、各国皇室度假旅游首选地，被称为搭私人飞机环游世界的阔佬、时装模特和百万富翁的游乐场，它还是性感女星碧姬·芭铎被“挖掘”的地方。

法国南部有两个著名地方，一个是充满小资情调的桃花源普罗旺斯；另一个最具代表性的城市不是众所周知的尼斯、戛纳，而是位于法国里维埃拉的圣特罗佩，这里充斥着游艇、派对、香槟、豪车、私人飞机。这里是法国著名的旅游胜地，更是吸引富翁、明星们的一处度假天堂。

圣特罗佩在第二次世界大战结束后，成为一个国际知名的海滨度假胜地，这里曾是法国新浪潮电影和流行音乐文化聚集地。

[18 岁的碧姬 · 芭铎]

20世纪五六十年代的电影史上，有两位名满天下的性感女星：一是来自美国的金发尤物玛丽莲·梦露；另一位就是令男人疯魔的法国性感小猫——碧姬·芭铎。前者的性感有种美国式物质女郎的意味，而碧姬·芭铎的性感则掀起了20世纪60年代法国的情色新浪潮。

碧姬·芭铎1934年9月28日生于法国巴黎。15岁那年，她尝试当模特，并成功登上法国杂志《Elle》。年龄逐渐增长后，她的美艳也越发引人注目。

为何圣特罗佩如此受到欧美人士的喜好？这里就不得不提法国的性感小猫碧姬·芭铎。碧姬·芭铎成名后选择圣特罗佩作为居住地，从而赋予了这个本来宁静的小镇以热辣辣的性感形象。圣特罗佩也因此声名大噪，吸引了许多观光客的前往驻足。

▲［圣特罗佩海湾停靠的快艇］

盛夏季节，圣特罗佩海湾泊满了修长优雅的游艇，尤其以20世纪30年代风格的意大利Riva快艇居多。

这里的海滩并不像其他旅游地一样绵延几十千米，而是由近百个近千平方米的小型海滩组成。豪华酒店和私人别墅占据了这些银沙满地的海滩，在这里经常出没的名人有乌玛·瑟曼、碧昂丝、U2 主唱波诺等。所以，漫步在圣特罗佩，遇到名人、明星的概率出乎意料的高。

圣特罗佩拥有清澈的海水和富饶的海洋生物，数十年来让无数潜水爱好者蜂拥而至，这里适合经验尚浅的初学者，也适合想要一展身手的资深潜水者，放流潜水体验尤佳。

当然此地不仅有潜水活动，还开辟了潜水探险、帆板冲浪、海滩越野等旅游项目。

▲ [戴安娜王妃]

每年的夏天富豪们开着私人飞机来到圣特罗佩，据说戴安娜王妃生前最后一次约会的地方就是圣特罗佩。

▲ [《警察故事》海报]

◀ [路易·德·费内斯纪念品]

路易·德·费内斯主演的《警察故事》系列电影的第一部也是最成功的一部就是以圣特罗佩为背景的，所以这里的纪念品中警察的形象也很多。

地中海

地中海最美丽的港口

菲诺港

菲诺港被认为是地中海最美丽的港口之一，每年吸引大量世界各地的游客游览参观。

▶［布朗城堡］

▲［水下成群的鱼］

▲ [菲诺港的美丽全景]

菲诺港小渔村的房屋外墙刷成了鲜艳的粉绿、黄色、褐色等，与绿色山丘和蓝绿色海水呈强烈反差，使其成为世界上最让人陶醉的小渔村。

菲诺港是位于意大利利古里亚大区热那亚省的一个渔村，它通往外界的陆路曲折难行，但丝毫不影响它作为热门度假胜地的声誉。

布朗城堡

菲诺港附近有个叫布朗城堡的古城堡。它是由热那亚人修建的，用于对抗威尼斯人等势力，后来落到拿破仑手中。1867 年，英国人把它改造为私人公馆，其内部结构采用了新哥特式风格，拥有神话中平铺的台阶。

灯塔

菲诺港有个灯塔坐落在布朗城堡附近的一个小海岬上，从城堡步行片刻即可到达。

这里可以观看菲诺港的美丽全景，并俯瞰下方碧蓝宜人的海水。

之所以把房子涂成五颜六色，是因为早年为了让出海的渔民们能远远地看到陆地上的房屋，有一种安抚归家之心的奇效，后来渐渐成为了当地建筑的涂装风格。

菲诺港

菲诺港坐落在一个小海湾里，许多船只在这里出入，由于菲诺港通往外界的陆路陡峭难行，大部分游客都是通过乘船来到这里的。

港湾内海水清澈，能见度高，海底资源丰富，有众多美丽的珊瑚、五颜六色的鱼类及各种珍奇的海洋生物。正因为具有如此丰富的海洋资源、美丽的海底世界，环绕岛屿的那片清澈而蔚蓝的大海就成为了潜水者最爱的潜水地点之一。

世界上最小的国家

塔沃拉腊岛

这里有世界上最小的国家，连领土都属于意大利，但是不被世界承认。来到这里可以享受国王亲自下厨烹饪，或者由国王驾艇送你去海上游玩的待遇。

▲［王室家族］

英国维多利亚女王曾经让人给塔沃拉腊岛的“王室家族”拍照，这幅镶金的照片至今仍陈列在白金汉宫，而它的复制品则悬挂在托尼诺的餐厅里。根据历史记载，塔沃拉腊岛比意大利还要早建立25年，1807年安东尼奥·贝托雷尼的高曾祖父朱塞佩·贝托雷尼成为了这座无人岛的第一位居民。1962年北约成立后取缔了岛国的独立地位，但是塔沃拉腊岛也未被归入意大利，因而安东尼奥·贝托雷尼得以成为岛国的第五位国王，只是世界各国都不再承认他的地位。

塔沃拉腊岛无论是从环境、小岛的旅游设施、人文情怀还是景色来说都不如其他闻名海外的小岛，并且知名度远没有西西里岛或托斯卡纳高，但在欧洲，它却是皇室政要和明星们趋之若鹜的度假地，原因大概就是这是块美丽而淡泊的天堂之地。

在著名的意大利撒丁岛的翡翠海岸南部，有一座孤零零的岛屿耸立在蔚蓝色的海面上，这里没有公路、没有酒店，唯一可以居住的地方在一道白沙水湾附近。

这就是全世界唯一一个不被承认的国家——塔沃拉腊王国，现任国王是安东尼奥·贝托雷尼。

塔沃拉腊王国由11位兼职岛民和100多头山羊组成，该地人烟稀少。它位于地中海的塔沃拉腊岛上，而塔沃拉腊岛又属于意大利。

塔沃拉腊岛的旖旎风光和传说使得

▲ [塔沃拉腊岛白沙水湾]

▲ [安东尼奥国王]

安东尼奥通常被人们称为“托尼诺”，以前是一个渔夫。作为这个岛屿的统治者，他拥有着岛上唯一的餐厅和游艇。

无数游客慕名前来。

塔沃拉腊岛上起伏的内陆地势上生长着玛西叶群落（地中海夏旱灌木群落，包括爱神木、野生百里香、刺梨和矮橡树），有惬意的海岸线，晶莹剔透的海面，独立的礁石，长长的沙滩以及洞穴。岛上最高的山峰根那根图高 1834 米，庇佑着这个地区的村子。

这座小岛就像是一串美丽的珍珠散落在大地上。在它的中央是碧绿色，周围则是如云彩般的白色，炫彩的阳光、湛蓝的海洋、金子般的沙滩、海上伫立的小屋，吸引着我们每一个人。岛上每一个环礁都有自己独具特色的美景。

▲［岛上唯一的餐厅］

当游人在海边或者岛上玩累了，可以来到塔沃拉腊岛唯一一家餐厅里面用餐，这可是国王亲自下厨给你烹饪的美味，想着都觉得过瘾。

不过这位国王很和蔼，你还可以付费让他开着本国唯一的那条国王专用游艇，来到海的中央，垂钓或者深潜，这是何等的惬意。

▲［落日下的小岛］

塔沃拉腊岛呈现出与世隔绝、宁静安详、充满粗犷的原始之美，是世界上为数不多的清静地方之一。

塔沃拉腊岛水下有着各种奇异的海洋生物。每当热风快速地向东面吹过来的时候，候鸟也迁徙到了塔沃拉腊岛，这里立刻成为了鸟的天堂。这里古老的海湾是世界上最好的潜水和垂钓的地方之一，沿岸有一排排葱绿的树林，潜游者可以在水下探寻各式各样的珊瑚礁。

海底还有着各种奇异的海洋生物：花地毯般活动着的珊瑚礁和特别诱人的鱼都正等待着游客去发现它们的秘密。

塔沃拉腊岛除了潜水之外，还是个帆船度假胜地，在这座小岛上的礁石滩上有著名的海王岩洞。

女妖塞壬的领地

墨西拿海峡

墨西拿海峡因为具有清澈的海水和富饶的海洋生物，数十年来让无数潜水爱好者蜂拥而至。

▲ [奥德修斯的一则故事]

塞壬是河神阿刻罗俄斯的女儿，是从他的血液中诞生的美丽妖精。塞壬在与缪斯比赛音乐落败后被缪斯拔去双翅，导致无法飞翔。失去翅膀后的塞壬只好在海岸线附近游弋，有时会变幻为美人鱼，用自己的音乐天赋吸引过往的水手，使他们遭遇灭顶之灾。塞壬居住的小岛位于墨西拿海峡附近，在那里还同时居住着另外两位海妖斯库拉和卡律布狄斯。也正因如此，那一带海域早已堆满了受害者的白骨。在希腊神话里，英雄奥德修斯率领船队经过墨西拿海峡的时候事先得知会听到塞壬那令凡人无法抗拒的致命歌声，于是命令水手用蜡封住耳朵，并将自己用绳索绑在船只的桅杆上，方才安然渡过。

墨西拿海峡位于意大利境内，是地中海的其中一个海峡，位于亚平宁半岛与西西里岛之间。从北到南长 39 千米，北宽 3.2 千米，南宽 16 千米，深 274 ~ 1100 米。有希拉岩礁与卡里布迪斯大漩涡，水流湍急，航运有一定困难。主要港口有西岸的墨西拿、东岸的雷焦卡拉布里亚。

据古老的传说，墨西拿海峡内的暗

▲ [墨西拿海峡插图]

▲ [隼鸟]

隼鸟是白天活动的猛禽。隼形目多为单独活动，飞翔能力极强，也是视力最好的动物之一。隼形目与其他鸟类不同，雌鸟往往比雄鸟体型更大。

放流潜水广义来说就是在水流里潜水，潜水员在水流里从A点被带去B点，而不是自己游动。这种潜水让人感觉犹如在水下飞行，十分刺激。潜水员也能被水流带着看到更多的水下景观。

礁和漩涡在希腊神话中是女魔的化身，被古代的水手视为畏途。墨西拿海峡上还时常出现海市蜃楼，这便更加使传说流传了下来。

墨西拿海峡沿岸风景如画，考古遗迹和游览地闻名于全世界。该处盛产鱼和浮游生物。该地每年的四五月间都有多达三万只左右的隼鸟和鹳鸟，从北欧的繁殖地飞过墨西拿海峡。

近些年，随着旅游业的发展，越来越多的人纷纷前往墨西拿海峡潜水。这里拥有众多美丽的珊瑚、五颜六色的鱼类及各种珍奇的海洋生物，海水清澈，能见度高，海底资源丰富，即使看不到海龟，黄貂鱼、炮弹鱼、石斑鱼环绕的景象也足够令人难忘。

这里特别适合经验尚浅的初学潜水者，放流潜水体验尤佳，是世界上最适宜开展潜水运动的场所之一。

美容天堂

乌斯蒂卡岛

乌斯蒂卡岛靠近火山，海底有众多海底生物，并且生长着一连片的珊瑚群，其景观令人震撼。

乌斯蒂卡岛位于意大利境内，在西西里岛西北岸附近，是地中海的第勒尼安海中的火山岛，乌斯蒂卡岛海域长为 560 千米，宽为 460 千米，平均水深为 1310 米，由于第勒尼安海位于欧非断层线附近，因此海底下有山脉及火山，海底最深处达 3785 米。

第勒尼安海的名字是来自意大利的原住民族埃特鲁斯坎，传说中这个民族在他们的王子带领下由吕底亚迁移到今天托斯卡纳一带。

▲ [乌斯蒂卡岛海边炮台]

巴勒莫是位于西西里岛西北部的港市，濒临第勒尼安海的巴勒莫湾，是西西里岛的首府，也是西西里岛的第一大城，是个地形险要的天然良港。歌德曾经称这里是“世界上最优美的海岬”。

整个乌斯蒂卡岛呈椭圆形，陆地上最高点海拔为239米，总面积仅为8平方千米。该地盛产葡萄、谷物与水果，有捕鱼业。东北岸的乌斯蒂卡镇与港口是全岛中心，有海轮与巴勒莫相往来。

乌斯蒂卡岛上有天然的火山泥浴池，堪称美容天堂。此外由于火山的存在，乌斯蒂卡岛上更是盛产天然黑曜石，人们常说这种石头有辟邪镇宅的作用，而根据印第安传说黑曜石能为人们带来幸福快乐。

这里每年的7～8月会有从全世界来的大量游客到这里过暑假，目的在于放松、社交、日光浴。

乌斯蒂卡岛周围有很多沉船，环岛周围的海水清澈可见，透明度高，并且水质优，污染少。在此深潜能让人充分地感受到海洋的那份宁静。

1980年6月27日，从博洛尼亚飞往巴勒莫的意大利国内航空870号班机在乌斯蒂卡岛外的第勒尼安海坠毁，其原因被推测为被导弹击落或是安置在机上的炸弹引爆，这也一直是意大利航空史上的谜团。

▲ [海边的水上运动]

融合古典与潮流文化之地

克基拉岛

克基拉岛是希腊众多岛屿中最为色彩斑斓的一座小岛，堪称是岛屿和海洋的完美融合。沿岛的周围有许多美丽的沙滩，当地气候宜人，降水充沛，岛上植被繁茂，种植有多样化的热带、亚热带绿色植物，给岛屿增添了不少色彩。

克基拉岛又被称为科孚岛，位于希腊西部的爱奥尼亚海，隔海峡与阿尔巴尼亚相望，属于爱奥尼亚群岛的第二大岛，也是爱奥尼亚群岛中最为闪亮耀眼的明珠。

克基拉岛长为58千米，最宽处有27千米。按历史上记载，克基拉岛先后被

克基拉岛的名字由来有一个古老的传说：据说仙女克基拉与海神波塞冬相爱，于是波塞冬把她带到了这个岛，并以她的名字克基拉命名了这座岛屿。

据传，这里就是荷马在《奥德赛》里所提及到的斯刻里亚岛，希腊英雄奥德修斯曾漂流于此。

▲［阿喀琉斯宫内的壁画］

[克基拉岛考古博物馆的“镇岛之宝”]

克基拉岛考古博物馆的“镇岛之宝”——公元前590年的阿尔特密斯神庙西侧的三角楣。三角楣上雕刻的形象是希腊神话中的“蛇发女怪”美杜莎。据说，被她的眼睛看到的生物就会变成石头。这个面目狰狞的美杜莎雕像正好面向港口，震慑那些海上来的敌人。

岛上有一个不起眼的小村庄，据说是伊阿宋和美迪亚睡在金羊毛上度过新婚之夜的地方。

科林斯、雅典、罗马、威尼斯等占领，一直是外族入侵的目标。其间曾被威尼斯人占领达401年之久，直到1807年被拿破仑攻克。之后又在1864年归入希腊领土版图。

1861年，身为奥匈帝国皇后的茜茜公主应英国总督亨利·斯托克斯爵士的邀请第一次踏上克基拉岛，对这里一见倾心，决定在俯瞰海湾的小山上修建一座行宫，以便久居。直到1889年，她终于梦想成真，修建完成了这座以她最喜爱的希腊神话中的英雄阿喀琉斯名字命名的阿喀琉斯宫。

克基拉岛是一个将古老和时尚、历史与现代、古典与潮流相互结合、相互融合得很好的海岛，山顶上的城堡和山脚下挂着鲜艳招牌的现代商铺俯仰相望。

[传说中化成石头的一对恋人]

克基拉岛北岸是从卡西奥皮到奇异的爱琴海峡。相传，那里变形的礁岩是被海浪化成石头的一对恋人。当地的渔民深信，每一对在这一湾海水里浸泡过的情侣都能永世相爱，白头偕老。

▲［克基拉岛山顶上的城堡］

岛上的居民为自己的古老文化感到自豪的同时，也愿意接受新鲜的事物，每逢节假日，街头巷尾总是充满了狂舞放歌的乡土乐队。

克基拉岛从来不会让人觉得寂寞，永远沸腾的咖啡馆把香气传遍岛上的大街小巷，露天音乐会也是在夜幕降临时的一个好去处。

克基拉岛附近的海水呈碧绿色，海水清澈见底，透明度极高，是潜水的绝佳选择。这里沙滩沙质松软，沙滩上还不时有海底生物到访，轻潜都能看到丰富多彩、热闹非凡的海底世界。深潜更能看到不一样的海底景观，海底有众多珊瑚礁群体，其形状各异，色彩斑斓，有一些叫不出名字的热带、亚热带小鱼种在珊瑚礁群体中来回不停地穿梭，富有青春活力，呈现欢乐的局面。

幸运的话，还可以在海底看到季节性鱼群环游，场景令人震撼。

该地水深的程度极适合潜水初学者和喜欢海底探险的潜水爱好者。当地会提供一系列的潜水设备，也有潜水初级教学班，可以让人愉快地体验潜水的乐趣。

探索血色残阳下的遗迹

赤血群岛

赤血群岛在天气极为晴朗时，海面上反射着夕阳洒下的红光，在帕拉塔角看到的整个群岛就像是被浸染在了血光之中，夕阳西下，赤血群岛火红的颜色更加壮美，画面极为震撼而迷人。

赤血群岛位于帕拉塔角西边的大海中，隶属于法国境内阿雅克肖桑吉奈尔群岛，是位于科西嘉岛西海岸海上的一个小型群岛。

赤血群岛与附近的几座岛屿基本排列在一条线上。值得一提的是，作曲家德彪西有一部管弦乐作品叫《大海》，它的第一部分《海上，从黎明到正午》最早采用的名称是《赤血群岛的美丽海景》。

▲［赤血群岛］

赤血群岛中“赤血”这个名字来源于该岛上每天黄昏时，在血红色的残阳照射下，整个海平面呈现血色般的景色。

从古至今，这里有众多船只沉没，沉船残骸便在此海域中，一些有经验的、习水性、想要一展身手、寻求刺激的潜水爱好者都争相前往，让这里成了潜水和浮潜的胜地。

寻找昔日古战场

利诺萨岛

来到利诺萨岛好比登陆火星，到处都是覆盖着硫黄和红色火山灰的海滩。岛的正中是一座死火山，如今覆盖着绿色植被。岛上的主要村落都是低矮的粉色或绿色草房。这个小岛还是蠵龟的保护中心，岛屿周边海域的海底有大量战争的痕迹，如古战场遗落在海底的船只和武器，这些都值得深潜爱好者去探索和发现。

利诺萨岛是地中海佩拉杰群岛的其中一个潜水岛屿，属意大利西西里区阿格里真托省。在西西里岛与突尼斯之间的佩拉杰群岛东北端，东南距兰佩杜萨岛 48 千米，由火山作用形成。总面积为 5 平方千米，岛上约有 500 位居民，利诺萨村是人口集中地和港口。岛上缺乏淡水，农业与捕鱼业是主要的经济活动。

利诺萨岛在布匿战争时期曾被罗马人用作基地，之后又先后被撒拉逊人、诺尔曼、安茹人和阿拉贡人等控制，并占据为基地。直到 1843 年，斐迪南二世下令殖民该岛，1845 年 4 月 25 日，首批 30 名殖民者到达该岛。

利诺萨岛相比于西西里岛，这个火山环礁距离突尼斯海岸更近些。该地区海底有丰富的海洋生物，如有成群结游的鱼群、蠵龟、五彩缤纷的珊瑚。海水清澈透明，能见度高，非常适合初级潜水者。这里的沙滩沙质软，岛上还种植有热带、亚热带植物，是旅游度假、潜水、观光的不二选择。

▲［蠵龟］

布匿战争是在罗马和迦太基两个古代奴隶制国家之间为争夺地中海西部统治权而进行的一场著名战争，名字来自当时罗马对迦太基的称呼布匿库斯。

公元前 264—前 146 年，两国为争夺地中海沿岸霸权发生了三次战争。

布匿战争的结果是迦太基被灭亡，迦太基城也被夷为平地，罗马获得了地中海西部的霸权。

撒拉逊的原来意义是指今天的叙利亚到沙特阿拉伯之间的沙漠牧民，广义上则指中古时代所有的阿拉伯人。

安茹是法国西北部古地区名，曾经是欧洲西部的一个封建伯国。

阿拉贡是 11—15 世纪时伊比利亚半岛东北部阿拉贡地区的封建王国。因阿拉贡河而得名。

斐迪南二世（1452—1516 年）是阿拉贡国王、卡斯蒂利亚国王，他也是西西里国王和那不勒斯国王。

有沉船、有故事的地方

苏萨克岛

这个只有3平方千米的小岛仅有不到200位居民，岛上的街道、建筑都是用石块建成的。这里的海水清澈见底，透明度高，极其适合潜水。

亚得里亚海位于意大利、斯洛文尼亚、克罗地亚、波斯尼亚等国之间，是地中海的一个大海湾。

苏萨克岛是克罗地亚的岛屿，位于亚得里亚海北部，这个只有3平方千米的小岛仅有不到200位居民。岛上的街道、建筑都是用石块建成的，和其他小岛一样，不能开车，但能骑自行车或推手推车。岛上沙滩浅水区的热沙据说可以治病。

在水湾冲刷下来的沉积和海底本身热蚀变沉积作用下，苏萨克岛附近的海水较浅，海床上一般覆盖着淡黄色的淤泥和沙，内中夹杂着贝壳碎片、软体动物化石和珊瑚。

苏萨克岛的海水清澈见底，能见度高，海水微凉，极其适合潜水。海底深处有着其他岛屿不同的珊瑚美景和海底世界。

在这片海域附近，大约位于40米深的海底深处有处沉船残骸，该残骸是一艘1914年沉没的客运船，这处沉船残骸如今也持续吸引着广大潜水爱好者的兴趣。

▶［苏萨克岛］

希腊神话的发源地

克里特岛

克里特岛海底的礁石、珊瑚以及各种各样的鱼类吸引了全球的潜水爱好者前来，与珊瑚鱼、巨鳗鳝以及海龟来一次亲密接触。

克里特岛位于地中海东部的中间，是整个地中海第五大岛屿，东西长 260 千米、南北 50 千米，岛上有三座山超过 2000 米。

拜占庭帝国（395—1453 年）即东罗马帝国，是一个信奉东正教的帝制国家。核心地区位于欧洲东南部的巴尔干半岛，领土也曾包括亚洲西部和非洲北部，极盛时领土还包括意大利、叙利亚、巴勒斯坦、埃及、高加索和北非的地中海沿岸，是欧洲历史最悠久的君主制国家。

古老文化中心

克里特岛是希腊的第一大岛，是爱琴海最南面的皇冠，它是诸多希腊神话

▲［克里特岛的粉红沙滩］

在克里特岛西部有一片粉红沙滩。粉红沙滩其实是由白色沙滩和一种叫孔虫的残骸在一起组成的。

▶［艺术品：忒修斯斩杀了米诺牛］
远古时期，有位国王叫米诺斯，他统治着爱琴海的一个岛屿克里特岛。由于他拒绝向海神波塞冬贡献一头公牛，从而得罪了他。波塞冬让米诺斯的老婆爱上了这头牛，并扮作母牛与它交配，产下牛头人身的怪物米诺陶洛斯（MINOTAURUS，即米诺斯和牛两字合一）。米诺斯把牛头怪看成自己的孩子，但又怕它吞食自己的臣民，于是修建了一座迷宫。后来英雄忒修斯杀死了米诺牛。

的发源地，过去是希腊文化的摇篮，现在则是美不胜收的度假之地。

克里特岛上有山地和深谷，风景优美多姿，还有断崖、石质岬角及沙滩构成的海岸。这里属于地中海式气候，风和日丽，植物长青，岛上种有橄榄、葡萄、柑橘等，鲜花遍地盛开。岛四周是万顷碧波，因而有“海上花园”之称。

▲［克里特岛古炮台］
古炮台历经数千年风雨，坚固如初。

米诺安文明

除了米诺斯国王建造的囚禁米诺牛的迷宫外，克里特岛上的米诺安文明还划开了地中海文明的混沌，即使后来面对希腊大陆文明、罗马拜、占庭及奥斯曼土耳其文明的洗礼，克里特岛上的米诺安文明仍是它最令人不可忘的一页，甚至后来的强势文明都是以它为根，融合它的精神。

伊拉克利翁

伊拉克利翁是克里特岛的首府以及主要港口，是克里特岛上生活步调最快的城市，也是交通中枢及信息发达之处。由于它位于岛屿中心的地理位置以及丰富的博物馆馆藏，伊拉克利翁也成为探索克里特岛的最佳据点。

克里特岛曾经是个海盗岛，这里风景优美，种满椰子树，岸边的沙丘和翠绿色的海水相映生辉。茂密的树林中，

▲［克里特岛中世纪的教堂］

隐藏着中世纪的教堂、克里特遗址和罗马坟墓。海滩上布满贝壳和珊瑚，古时候，拜占庭用这些化石来制作欧洲皇室猩红色的斗篷。

潜水胜地

这里的海水清澈干净，能见度高，环境优异，约有 200 多种珊瑚礁和活珊瑚在这里生长，多种海洋动植物在珊瑚礁上栖息。

潜水者只需装备浮潜三宝——蛙镜、呼吸管和脚蹼，就可以在海底奇遇黄貂鱼、炮弹鱼、石斑鱼环绕身边而过，这些足够令人难忘。这里放流潜水体验尤佳。

当然此地不仅有潜水活动，还开辟了潜水探险、帆板冲浪、海滩越野等很多旅游项目。

▲［炮弹鱼］

炮弹鱼属皮剥鲀科鱼类。鱼体长 20 ~ 30 厘米，卵圆形，头大，嘴部黄色，头部呈圆锥状，像个枪炮的子弹头。

爱琴海边最神秘的小岛

博兹加岛

博兹加岛耸立在爱琴海上，四周全部都是沙滩和峭壁，可以深潜，也可以浮潜，如果潜水者足够幸运，还可以在海床上收获古战场遗落的老物件。

▲［博兹加岛中世纪城堡］

巨大的中世纪城堡就在博兹加岛港口边，博兹加岛的建筑掺杂着各个时期的风格，其中希腊风格建筑最常见。

博兹加岛是爱琴海上的一座小岛，位于萨罗斯湾北部爱琴海、土耳其境内，总面积为37.6平方千米，目前该地区主要产业是渔业和旅游业。

这里的葡萄酒久负盛名，有不少葡萄庄园。

据说当年希腊舰队就是在此处等候攻打特洛伊的信号。岛上的灯塔在夕阳

公元395年，罗马帝国分裂为东、西两部分，东罗马帝国延续了近千年之久，在此期间它一般被人称为“罗马帝国”。拜占庭帝国（395—1453年）即东罗马帝国，是一个信奉东正教的帝制国家。

▲ [安静的海湾]
原始而宁静的海湾，到此处会有纵身一跃和大海做亲密接触的冲动。

的余晖下显得格外迷人。

渔民、牧人和士兵曾是这里主要的居民，他们给现在的游客留下了一座迷宫般的房屋和一间小酒馆，村落周边是古城墙，有人在斑驳的城砖上发现了古文字，这使得古城的历史可以追溯到东罗马时期。这些在战争时期留下来的房屋遗址，使这里成为了矗立在爱琴海边最神秘的小岛。

这里安静偏僻，古老宁静，天空蔚蓝一片，海水碧波粼粼，并且很少人知道，因此博兹加岛及周边的自然风光保存较好，这里的沙滩沙质白而且细，碎珊瑚不是很多，非常适合潜水。

这里也是海底珊瑚保留得最完整的海域之一，在博兹加岛无论是浮潜还是深潜，都能看到无数震撼的美景。这里不需要经历船宿潜水的奔波之苦，一个跃身下海，潜入深水处，就有无数的珊瑚、鱼群呈现眼前。

地中海最清澈的水域

伊皮亚那岛

在伊皮亚那岛无论是漫步还是游泳，映入眼底的都是清澈的海水，以及受海水和海风侵蚀下的风景。仅凭肉眼就可透视到13米深的海底，是一个鲜为人知的潜水天堂。

伊皮亚那岛位于意大利境内，离科西嘉岛的最东边只有300米，无论是步行还是游泳都可以轻松到达。

伊皮亚那岛因受海水与风力的侵蚀作用，形成了令人叹为观止的风景，在其附近可以看到各色美景，或是溶洞万千，或是缝隙遍布，或是岩墙冲天而立，或是山峰尖锐突出。生长在红色的海边悬崖上的植被有香桃木、乳香黄连木、大戟和岩蔷薇。

伊皮亚那岛附近的海水清澈异常，肉眼可透视到13米深的海底，这里的沙滩没有喧哗和吵闹，是世界上最美的沙滩之一。

伊皮亚那岛上拥有丰富的海底生物资源，生长着各色的珊瑚。此处海水透明度极高，海水凉爽、清澈，海底世界一望无垠。无论是老练的潜水客或是初试潜水乐趣的人，都会被其丰富绚丽的海底世界所迷惑。除了潜水活动之外，当有大风吹起时，这里就成了冲浪者和独木舟运动员的避风港。

▲ [海底鱼群]

红 海

Crimson Sea

向左荒漠，向右海洋的奇观

蒂朗岛

蒂朗岛极为干旱，大部分地区都是荒漠，没有植被覆盖，岛上没有常住居民，拥有大面积的珊瑚礁，是一个很受欢迎的潜水胜地。

▲ [蒂朗岛灯塔潜水点]

蒂朗岛扼亚喀巴湾进入红海的通道，亚喀巴湾是约旦的唯一出海口，也是以色列南部重要出海通道和巴勒斯坦南部的唯一出海口，故蒂朗岛地理位置十分重要。蒂朗岛长约16千米，宽约8千米，面积80平方千米，由于其优越的地理位置，蒂朗海峡在历史上一直是兵家必争之地，曾经引发了1956年的苏伊士运河危机和1967年的六日战争。

▲ [珊瑚中的鱼群]

蒂朗岛所处的蒂朗海峡宽6千米，是红海和亚喀巴湾分界。蒂朗岛将亚喀

▲ [海底珊瑚墙]

巴湾分隔为两个通道（290米和73米深），分别为开往约旦和以色列的港口大型船舶通航；蒂朗岛的东侧和沙特阿拉伯之间也有一个较小的通道，通道水深16米。

蒂朗岛地表呈荒漠化，极为干旱，大部分地区都是荒漠，没有植被覆盖。

蒂朗岛拥有大面积的珊瑚礁，使它成为了一个很受欢迎的潜水胜地。不过，近滩好的潜点不是很多，一般船宿去稍远一点的地方，可以找到很多潜水点，在潜水时还极有可能遇到蝠鲼和梭鱼的身影。

▲ [黄昏时停满游船的蒂朗岛港湾]

红海最美的地方

穆罕默德角

穆罕默德角的国家公园内大概包含20个浮潜点，其中最壮观的珊瑚礁群是月蓝达礁和鲨鱼礁。在月蓝达礁可以看到失事的船舶残骸，在鲨鱼礁可以看到种类繁多的热带鱼。

穆罕默德角位于西奈半岛南部的苏伊士湾和亚喀巴湾交汇处，其名字是当地一个渔夫根据一个像人形的峭壁命名的。它距图尔城170千米，北临提赫高原的南部沿海地区，延伸到红海里达10～15千米，海区可达那斯拉尼角，蒂朗岛与索纳非尔岛也归属于穆罕默德角，总面积为480平方千米。东部边界是一道由珊瑚礁组成的古墙。

▲ [穆罕默德角国家公园入口]

1983年穆罕默德角被正式宣布为海

▲ [穆罕默德角国家公园标志建筑]

洋保护区，1989 年成为埃及第一个国家公园，自公园成立之日起，就非常注重环境保护，因此在这里不允许开设旅馆，游客也只能游览公园 12% 的地区，潜水船的数量也受到严格的限制。

这里的海底世界蕴藏着丰富的宝藏，美丽绚烂的珊瑚群礁、种类丰富的鱼类与其他海洋生物在这里悠然并存着，这里拥有 200 多种硬体珊瑚虫与 120 多种软体珊瑚虫，更有多种热带鱼。

由于公园的管理制度十分严格，每位来这里游玩的客人都必须出示护照才能允许进入。只持有西奈许可证的游客

▲ [海底鱼群]

西奈半岛通常被认为地属亚洲，位于埃及的东北端，与东边的以色列和加沙地带相连。1967 年阿以战争期间曾被以色列军队占领，但 1982 年依据 1979 年的和平条约归还给埃及。

穆罕默德角是世界上最棒的潜水区域之一，有着极其丰富的物种：除了让人眼花缭乱的珊瑚虫，还有神似电影中太空生物的软体动物，以及数不胜数的鱼类，包括锤头鲨、鲸鲨和魔鬼鱼。

▶ [穆罕默德角的一个潜水点]
据说深处有鲨鱼，所以很少有人去深处潜水。

▲ [潜水指示牌]

不能通过陆路进入穆罕默德角国家公园，因为它处于沙姆沙伊赫边界之外，只能通过潜水船旅游进入。

穆罕默德角以世界上最美的潜水区之一而闻名遐迩，是世界上少有的无污染海洋世界，聚集多种热带鱼和珊瑚礁，海水清澈可见，鱼群色彩斑斓，珊瑚形状各异，围绕海岛的海域是绝佳的钓鱼及深潜区，旗鱼和枪鱼是钓鱼人追寻的猎物，而进行深潜的潜水人，则来此发掘充满神秘感、曾经盛载着许多不为人知秘密的沉船遗骸。除此之外，这里还有 75 000 年到 100 万年前的生物化石，并且种类丰富，异常稀有。

这片海域也是红海地区邂逅海豚的最佳地点。

穆罕默德角国家公园的水里可以看见红海大部分的鱼类，数量达上千种，包括锤鲨、魔鬼鱼和鲸鲨等大型鱼类，而色彩艳丽的小鱼更是数不胜数。美丽的珊瑚和小鱼儿大都在靠岸边的浅色海域，浮潜就能看到精彩的美景。

▲ [海滩]

最具红海特色的海底景观

朱巴勒海峡

朱巴勒海峡水下有花地毯般活动着的珊瑚礁和特别诱人的鱼，都等待着潜水者们去发现它们的秘密。

朱巴勒海峡位于埃及境内，隶属红海，气候常年温暖湿润，海岸年平均温度在 35℃～41℃，海面水温平均在 21℃～28℃。

朱巴勒海峡远处层林叠染，连绵的山峦与海岸遥相呼应，中间是适宜露营的宽阔平原，这些鬼斧神工的自然景观和冬夏都非常宜人的气候共同组成了美轮美奂的风景画，让游人陶醉于人间天堂之中。距离不远的旅游区有沙姆沙伊赫、赫尔格拉、阿里什、穆罕默德角、泽哈卜等。

每当热风快速地向东面吹过来的时候，候鸟也迁徙到了红海海畔，这里立刻成为了鸟的天堂。这里古老的海湾是世界上最好的潜水和垂钓的地方。

朱巴勒海峡有五光十色的珊瑚礁，海岸有古老的海港，水下有着各种奇异的海洋生物，因而成为潜水者的天堂。

每年的 10 月至次年 5 月，是最适合到红海潜水的时节：天气凉爽，海水能见度高，水温适宜潜水。

▲ [接吻的热带鱼]

在朱巴勒海峡的海域上，浮潜便能看到成群结队的彩色热带鱼穿梭在眼前，紫色的海蜇、悠闲的海龟悠游而过，再往略深的地方游去还有沉船遗骸。

水上运动者的天堂

兄弟群岛

在兄弟群岛上不仅有闪光的沙滩、美丽的珊瑚海、丰富的海洋生物，这里也是水上运动者的天堂，是世界上最适宜潜水的海域之一。

兄弟群岛位于埃及红海，塞法吉港东部偏南67千米，由两个小岛组成，总面积0.05平方千米。其中小岛长200米，宽约40米，占地面积1.4公顷。大岛长400米，占地面积3.6公顷，平均深度558米，最大深度2514米，岛上有座灯塔。两个岛屿相距约800米，气温在27℃～30℃之间，无人居住。

▲［小丑鱼］

▲［被鱼群围绕的潜水者］

因海底扩张使地壳出现了裂缝，岩浆沿裂缝上涌，海底岩石被加热，海水底部水被加热蒸发，使得这里成为世界上盐度最高的海域。

独特的气候使得这里生长着多种色彩缤纷的珊瑚和鱼类，《海底总动员》中被大家熟知的小丑鱼“尼莫”就是这片水域的常驻代表，还有红海毕加索和魔鬼鱼，甚至在沙滩上就能看到海水浅处有它们游动的身影，整个红海之滨都是度假天堂。

兄弟群岛对经验丰富的潜水者来说，是最受欢迎的目的地：两个岛屿提供多达12处各具特色的潜水点，每个潜水点面积不超过0.1～0.3平方千米，岛上有壮观的峭壁，一跃而下可潜入海底，如果运气好，还可以发现水下两艘沉船残骸，可以做一次探宝潜水。当然没有发现沉船宝藏也无所谓，这里还有珊瑚礁和让人惊艳的水下物种，如锤头鲨。

最漂亮的礁群

大吉夫顿岛

众所周知，红海是海水密度最高的海域，所以这里的浮力比其他地方都大，自然就形成了浮潜的好去处，而大吉夫顿岛凭借优越的环境、多样的海底地貌，吸引着众多潜水者的到来。

凡尼暗礁

凡尼暗礁也称托发凡尼或海豚珊瑚礁，是位于大吉夫顿岛北部的最漂亮礁群之一，距离古尔代盖有数千米。

凡尼暗礁是整个红海区域较流行的潜水点之一，其海水清澈透明，能见度达 20 米，平均潜水深度 20 米，最深 40 米；这里有鱼群及珊瑚丛，还能看到锤头鲨、狗鱼、金枪鱼和梭鱼。

如果足够幸运的话，在潜水时，还可能遇到巨型海鳗，这些家伙躲藏在暗礁里，只需要给它们喂一些食物，便会使得这些巨型海鳗流连忘返。

凡尼暗礁本身包含两个冒出水面的珊瑚岩顶，从岩顶到谷底之间大约 16 米深，往东最深可达 40 米，为不同潜水经验的潜水者提供了更多的选择。

富有经验的潜水者，能找到一些海底洞穴来探险。跳入凡尼暗礁晶莹透彻的海水中任意畅游，站在点缀着浅水潟湖的珊瑚岬上远眺迷人的风光，幸运的游客甚至还有机会与海豚进行亲密接触。

在凡尼暗礁的西边，有精致的珊瑚尖峰和形状各异的多岩巨砾，而在其东边则有一个极其有趣的珊瑚礁岩壁。

凡尼暗礁周围布满了五光十色的珊瑚，银光闪闪的鱼群在珊瑚丛中穿梭不停，还有神秘的沉船残骸……这些得天

◀［锤头鲨］

锤头鲨又称双髻鲨，是鲨纲、双髻鲨科鱼类的统称。双髻鲨以其头部的形状而得名。双髻鲨的头部有左右两个突起。每个突起上各有一只眼睛和一个鼻孔。两只眼睛相距 1 米。眼睛的分布对它观察周围情况非常有利。双髻鲨不仅像人类一样拥有双眼视力（两只眼睛的视野重叠在一起），而且它通过来回摇摆脑袋，可以看到周围 360 度范围内发生的情况。

▲ [漂亮的珊瑚]

独厚的生态环境和海水资源，使它成为世界上著名的潜水天堂之一。

萨拜娜岛

萨拜娜岛隶属于大吉夫顿岛，距离古尔代盖仅数千米远，这座岛并无特别吸引人之处，不像其他小岛具有特色之美，因此很少有人知道它的存在。

萨拜娜岛是由沙和岩石组成的，单凭外观并无多少美丽之处，但环岛海域内隐藏着一些红海最美丽的潜水点。在此岛的南部和东部覆盖着保护完好的稀有珊瑚，众多的珊瑚之中，最为吸引人的是一个巨大的珊瑚尖峰，其中的火珊瑚让人惊艳异常，尖峰周围海洋生物繁多，裸鳃类动物、龙虾和扁鲨是此处的常住居民。

这里和其他适合潜水的海域一样，清澈干净，能见度高，环境优异。

尽管此处常遭受季节性强流影响，但各种水平的潜水者都能在此潜水，并且对带通气管的潜水者也合适，此片海域的水深深度为 5 ~ 25 米。

▼ [壮观的珊瑚群]

这片珊瑚生存已久，跨越无数个春秋，是整个红海内独一无二的珊瑚群、珊瑚礁。

梦幻极致的海底世界

布鲁夫港

布鲁夫港海域有五光十色的珊瑚礁，海岸有古老的海港，水下有着各种奇异的海洋生物，同时这里还有历史沉船，是潜水爱好者不错的选择。

布鲁夫港位于大古泊尔岛最北边，这个名字表示这里的风向和影响这片地区的潮流是不可预测的。这里最著名的景点是“尤利塞斯”号的残骸，这是一艘于 1887 年在红海沉没的英国货船，船上装的是电缆，剩下来的货物在甲板上仍能看见。

布鲁夫港的水深深度为 10 ~ 30 米，能见度为 10 ~ 30 米，海水清澈透明，其海底的珊瑚令人称奇，形状千姿百态，是难以用语言形容的美景。

布鲁夫港这片海域的潜水点通常进行漂流潜水，沿着古泊尔东墙，自北向南漂流，很有可能会看到蝎子鱼、拿破仑鱼、玻璃鱼和海龟等一系列珍贵稀有、难得一见的鱼种，一些潜水者甚至有机会遇到瓶鼻海豚。随身带上潜水手电筒，幸运的话，还可以看到变色的章鱼、狮子鱼和电鳗，它们也是此地常客。

▲ [“尤利塞斯”号的残骸]

▲ [玻璃鱼]

玻璃鱼，鱼身透明，鱼鳍为荧光蓝。

大古泊尔岛位于埃及红海境内，大古泊尔岛潜水点常常被从古尔代盖或沙姆沙伊赫出发的留宿在船上的潜水者所造访。

神秘而美丽的海域

小吉夫顿岛

小吉夫顿岛也称吉夫顿索拉娅，有着典型的红海海域的特色，沙黄、水清，水下环绕着美丽的珊瑚礁，形成了最为壮观的海洋生物和珊瑚生物的理想居所。

小吉夫顿岛距离古尔代盖仅有数千米，周围环绕着美丽、珍奇百变的珊瑚礁，此处最为著名的潜水点是香蕉崖和尔格塑美伊，这两处潜水场所都在小吉夫岛顿岛的东北方向，距离不远。它们以小吉夫顿漂流岛而著称，被潜水爱好者所赞美。

▲ [潜入香蕉崖]

香蕉崖

香蕉崖为巨大珊瑚尖峰的所在地，尖峰上覆盖着美丽的软珊瑚，貌美奇异，备受游人喜爱。而东北边却点缀着许多洞穴，玻璃鱼长期在此栖息。此处的常客还包括燕魟、乌龟、扁鲨、马夫鱼、裸腮鱼和麒麟鱼。此外还有些不知道名字的小鱼群、热带鱼群。

香蕉崖水深 5 ~ 15 米，在此处漂流潜水最棒；潜水者沿着陡峭的墙壁滑动，越过珊瑚覆盖的台地尖峰和令人惊异的柳珊瑚，与大型深海生物以及各种稀有的珊瑚不期而遇。

尔格塑美伊

尔格塑美伊是小吉夫顿岛的另一个

美丽的潜水点，在小吉夫顿岛的东边，这里和香蕉崖一样到处都是令人激动的水下景观。

尔格塑美伊海水清澈、干净，透明度高，在阳光照射下，海水时而呈现绿色，时而呈现蓝色，非常美丽，让人赏心悦目。

在尔格塑美伊，初学潜水者或用通气管的潜泳者，都可以观赏到许多美丽的海底景观。

这里的最特别之处在于连着岸边长宽各有几十米的珊瑚礁。礁面非常平，不想下水的话在上面涉水也仅过膝。鱼群、海胆、海星、寄居蟹就在沙滩上的洞中栖息着。

因此处海水不深，对于潜水初学者来说既安全又能看清海中穿梭来往的五彩鱼群、各色珊瑚及海中各种浮游生物。

它的深海区有较多的沟壑和珊瑚礁洞，很容易让人在深海中迷失方向，所以如果想要在尔格塑美伊深潜，必须是富有经验的潜水者。

▲［海底沟壑］

红海最完美的潜水基地

古尔代盖

古尔代盖位于埃及东部红海沿岸，从20世纪80年代开始发展为埃及重要的海滨度假城市，这里有多个优质海滩，多处潜水胜地，可以进行各种水上活动。

古尔代盖被誉为是全球顶级潜水地点的前三甲，一直深受世界各国潜水爱好者的极力追捧。

古尔代盖，又名胡尔伽达，沿红海西岸向南北伸展，全长四五十千米，由商业区、港区和度假区三部分组成。现为红海省省会，人口约5万。古尔代盖还是红海之滨最大的度假休闲胜地，是埃及著名的旅游景点。

▲［古尔代盖海岸］
沙漠和海洋完美的结合。

古尔代盖最精彩的活动还是潜水。由于古尔代盖海岸周围工厂极少，海水

▲ [色彩斑斓的热带鱼]

红海两岸气候炎热干旱，是地球上水温和含盐度最高的海之一，并且常年暖热，艳阳高照，有利于珊瑚生长，所以沿岸和诸小岛周围有大量珊瑚礁，各种色彩斑斓的热带鱼悠游其间。

没有被污染，清澈透明，从水面可以看到 20 米的深处。对于潜水者而言，这里的海堪与澳大利亚的大堡礁相匹敌，属于世界上最好的潜水区。而整个红海设备最完善的潜水基地有两处，一处是西奈半岛的沙姆沙伊赫，另一处就是古尔代盖了。

1980 年开始埃及就决定将古尔代盖发展为一个度假城市，在市内兴建了多间酒店，也在红海沿岸增建了许多舒适的度假村、宾馆和潜水俱乐部等设施。如今古尔代盖已成为埃及人气最旺、外国游客最多的旅游度假区之一。

▶ [水中观光设备]

水中观光设备有很多，最常见的是透明潜艇、浮潜透明船底、透明船舱，或者水下观测窗口。借助这类设备或者船只，游客们无须潜入水下，就可以很轻松地欣赏到水下奇妙的世界。

在这里的红海水族馆可以观赏红海特有的各种美丽鱼类，搭乘玻璃透明船底“辛巴达”号潜水艇，可以观赏海底和海景，欣赏珊瑚和色彩鲜艳的热带鱼。

从古尔代盖港区往南沿海岸线的广大地区都属于度假区，林立着高级饭店为中心的度假旅馆。大多数饭店不但拥有专属的海滩，也附带有潜水中心、购物中心、迪斯科舞厅、游泳池。

酒店设立的潜水中心为游客提供各种器材和各项服务，包括潜水培训班。

▲［村落里面的土屋］

古尔代盖除了旅游区和城区相对比较富裕，其他周边地区较为贫穷落后，当地民风比较淳朴，游客在沙漠中如果口渴，可以敲开门找水喝，不过值得注意的是当地有个风俗，如果屋顶上插着小红旗，表明这家的女儿还没出嫁，外人是不能进门的。

▲［卢克索至古尔代盖的公路］

传说这条公路，最可怕的不是什么落石和山脉，而是抢劫的！这不是开玩笑！当地人把这条路称为死亡陷阱，经过这条路的司机都恨不得有隐身术。有经验的老司机晚上走这条路都会关灯，虽然关灯有可能造成追尾，但是开了灯，往往会被抢到内裤都不剩。

▲［水中遨游的大海龟］

对于初学者来说，浅海潜水较容易掌握。这种潜水是使用脚蹼、面罩和呼吸管（衔在嘴里的管子），直接潜入水下的运动。身穿潜水服，背着氧气瓶，可潜到三四十米深的海底。潜水时也必会被这里高度透明而清澈的海水、极特有的鱼类和奇形怪状而美丽的珊瑚所震撼和感动。

在沙阿布凡第若海域内有丰富的海洋生物，如尖嘴鱼、石鱼、天蝎鱼和银河鱼等，通常伴随着它们的捕食者有金枪鱼和狗鱼。还有机会看到鲣鱼、吉他鲨、魟鱼，甚至是槌头双髻鲨。

沙阿布凡第若

沙阿布凡第若是古尔代盖南部一条狭长的珊瑚礁，该处水深 25 ~ 40 米，能见度为 25 ~ 30 米。沙阿布凡第若潜水点非常适合进行漂流、深度潜水和初学者潜水之类的活动。

在沙阿布凡第若向北 20 ~ 25 米的地方开始，珊瑚礁墙有逐渐变窄的趋势，珊瑚墙会下降到更深处，那里是有经验的潜水者一展身手的地方。

在沙阿布凡第若，除了有形状各异的珊瑚墙，还分布有少许的暗礁，此处的暗礁也是潜水爱好者最为痴迷的地方。

沙德瓦岛

沙德瓦岛也叫沙客岛，是古泊尔海峡最大的环状珊瑚岛。它的中央是碧绿色，周围则是如云彩般的白色。

沙德瓦岛的东北部有垂直落差几乎超过 40 米的珊瑚墙，此处浅海区聚集有多种热带鱼和珊瑚礁。

这里的水深 6 ~ 40 米，能见度为 30 米，海水透明度绝佳，使人们能够尽情观赏美轮美奂的海底自然美景。

在这里可漂流、可潜水，潜水者可以探索珊瑚墙，珊瑚礁上有很多鲷鱼和花鳍，这里的常客还包括一些更大、更有趣的海洋生物，潜水员们经常会遇到白鳍鲨、灰礁鲨和玳瑁海龟，但大多数时候都是成群的海豚。

沙阿布努嘎

沙阿布努嘎距离古尔代盖大约需要 60 ~ 90 分钟车程，它的珊瑚礁因极其丰富的海洋生物而成为主要潜水点。从沙阿布努嘎的西北部延伸到东部，有一个 T 形珊瑚礁，在礁石上覆盖着种类繁多的珊瑚，包括黄色柳珊瑚、紫色柳珊瑚、

▲ [海底珊瑚墙]

▲［海龟］

海底扇、桌面珊瑚和脑珊瑚等。

沙阿布努嘎在阿拉伯语中的意思是“水池之父”，周边有无数潟湖，在这里能够经常看见瓶鼻海豚、鹦鹉鱼和海龟，当然还有许多红海常见的珊瑚礁居民，如章鱼、玻璃鱼、扁鲨和隆头鱼。

这里的水深 12 米，能见度为 20 ~ 30 米，对于经验丰富的潜水者和初学者而言都是完美的选择。

▲［此处海域的珊瑚］

沙阿布尔格

沙阿布尔格是马蹄铁状珊瑚礁，是古尔代盖近海处南部大部分珊瑚礁中的一种，一些红海最受欢迎的潜水点就在此处，包括海豚之家、波塞冬花园和灯塔，它是从古尔代盖出发可达的最南部潜水点之一。

▲ [海豚之家]

海豚之家无可争辩地成为沙阿布尔格最受欢迎的潜水点，它距离本地区中心以西数千米，常有瓶鼻海豚聚集在此处。

◀ [灯塔]

灯塔位于主珊瑚礁的东端，因其壮观的珊瑚墙而成为本地区主要潜水点之一，在这里可到水下20米处潜水。

玛斯拉岛

玛斯拉岛海岸有壮丽峥嵘的风化石山和峡谷，连接着阿曼腹地的柔美沙漠，是世界上最佳冲浪胜地之一，也是一个极佳的潜水地点。

阿曼东南端的玛斯拉岛是世界上最好的潜水地点之一，海水平均能见度为 20 ~ 30 米。

在玛斯拉岛清澈的海水中潜水，可以看到壮观的陡峭大海墙和漂亮珊瑚形成的海底峡湾，海洋生物也非常丰富，鱼类和甲壳类品种繁多，有沙丁鱼、金枪鱼、石斑鱼、金线鱼、墨鱼、带鱼等。

而在这里夜间潜水更是备受欢迎，因为此地的海水在夜间会散发出大量的磷光，让潜水者震撼而惊喜。以至于阿曼一些高级酒店如香格里拉，也为随父母度假的小孩子专门准备了潜水课程。

玛斯拉岛的最佳潜水季节是在 11 月至次年 3 月中旬，这是阿曼的凉季，气温约为 25℃左右，非常适宜潜水和玩冲

▼ [珊瑚丛中的小丑鱼]

浪。其他季节，阿曼的大部分地区天气炎热，但每年的6—9月，玛斯拉岛就会迎来世界各地的帆板运动爱好者们，这个小岛有着原始天然的沙滩，一尘不染，是冲浪的理想之地。

阿曼一边连接着三个海域，另一边则是风化石山和峡谷，连接着阿曼腹地的沙漠下有着丰富的石油资源。阿曼也被称为“地球的博物馆”，又有“阿拉伯半岛的北欧”之称。

▲［潜入深海］